論悲劇

當代最重要的思想家、文學評論家

泰瑞・伊格頓
Terry Eagleton 著　黃煜文 譯

謹以本書紀念諾拉・巴特雷特（Nora Bartlett）

推薦序

西方悲劇可謂源遠流長，西元前五三四年之時，雅典人特斯比斯（Thespis）在表演酒神頌（dithyramb）時首先設立第一個演員，這個演員可以和酒神歌隊的歌隊長對話，在當時，酒神頌歌被歸為一種屬於音樂的抒情詩。之後悲劇詩人埃斯基羅斯（Aeschylus，西元前五二五～四五六）增加第二個演員，因此才有正式的戲劇性的對話，所以埃斯基羅斯可算是悲劇的創始者。希臘戲劇一開始出現時就是悲劇，戲劇劇場（theatre）就是悲劇劇場，兩者在概念上沒有區別。「悲劇」（tragedy）一詞在希臘原文（tragoidia）字面上的意思是「山羊之歌」，並沒有「悲之劇」的意思，這也顯示悲劇是與（酒神）頌歌相關聯的，因為酒神頌歌的本質非關「悲」意，而是「歌隊」的抒情詩歌。

西方悲劇如果從埃斯基羅斯開始到十九世紀末的挪威劇作家易卜生（Henrik Ibsen，一八二八～一九〇六）為止，已有將近兩千年的歷史，可見悲劇在西方文化史、文藝史所占的地位與重要性。在這漫長的兩千年歷史中，或許誠如卡繆所說的，西方有兩個偉大的悲劇時代，一個是古希臘，另一個是始於莎士比亞，而終於卡爾德隆與拉辛。我們一般會指出西方最偉大的四個悲劇作家，三個古希臘悲劇詩人，就是埃斯基羅斯、索福克勒斯（Sophocles，西元前四九六～四〇六）、歐里匹德斯（Euripides，西元前四八〇～四〇六），另一個就是英國文藝復興時期的莎士比亞（一五六四～一六一六），這四位悲劇作家的作品理當成為人類偉大的遺產，值得我們深入閱讀與思索。

希臘悲劇如果從它的形成發展來看，它是綜合了史詩與抒情詩，史詩部分主要是指荷馬史詩的神話與英雄故事，抒情詩則是以歌隊為核心的情感抒發。現存的三十二部希臘悲劇作品，除了埃斯基羅斯的《波斯人》與其當代事件有關外，其他作品全部取材自希臘史詩，而史詩與神話兩者經常是重疊的。如此，我們可以說悲劇就是神話的戲劇演出，希臘神話是悲劇的原型。希臘神話內蘊的豐富性，及其形象的鮮明性已經為學界所公認，西方哲學與文學經常回到希臘神話汲取思考和創作的養料也是人所共知的。

從希臘悲劇詩人開始，在他們的創作中將史詩神話中的英雄藉由戲劇的演出，重新賦予史詩英雄的行動具有某種莊嚴的意義，這個意義致使「史詩英雄」轉變成「悲劇英雄」。就這個悲劇的創作意義而言，悲劇詩人也是哲學家，他們是藉著劇場的演出從事他們的哲思活動。此外，希臘悲劇的演出在古代就是城邦人民的共同生活的重要部分，它是全民參與的，政府要補助金錢給劇場和觀眾讓悲劇能夠順利演出，因此它是城邦政治非常重要的一部分，也就是說希臘悲劇一開始就具有政治的性質和目的在其中。可以說，悲劇劇場是政治的場域，悲劇詩人是人民的教師。

就以上所述，希臘悲劇的這種具深刻神話內蘊的奧祕性以及具政治性格的公眾性，這種奇異的交織吸引了後世文學家和哲學家的目光，這種奧祕性與公眾性的特質也影響後世的知識分子，他們藉由創作悲劇或詮釋悲劇，思索當代的思想和政治的更多可能性。因此，悲劇在西方自古以來不只是文藝的最高的形式，也是人生最深刻思想的表現。在歷史發展過程中，悲劇的實質意涵逐漸脫離只是作為一種戲劇形式的劇場概念，而形成所謂的「悲劇性」（the tragic）的底蘊滲透到其它的藝術形式和文類之中，並構成它們所要表現的核心內容，最明顯的是小說和電影，其次是詩，更重要的是，「悲劇性」也構成了人的世界觀與政治生活必要的成分。西方從柏拉圖、亞里斯多德開始，對悲劇的分析和評論從未間斷過，其中有不少哲學家和批評家提出各自的思考成果，這些除了豐富悲劇的思想內涵之外，也對自己的時代的政治和世界觀進行深刻的反思。誠如本書作者在文中一開始所說的：「悲劇不只是美學經驗或戲劇場景，它也是倫理—政治教育的一種形式，有助於灌輸市民美德。」

本書作者泰瑞·伊格頓是英國文學教授，是英國的文學理論家和文學批評家，他本身有極為豐富的哲學知識和素養，具有文學與哲學這兩種優勢，伊格頓在本書中的論述，不論是引用悲劇作品或者哲學著作和理論時，可以說是「駕輕就熟、游刃有餘」。本書是以「評述」的方式行文，夾述夾評，又評又述，內容非常廣泛而豐富，但是用詞極為提煉，幾乎沒有冗詞贅語，可以說是句句精要，因此本書內容的濃度和密度極高，值得慢慢咀嚼。閱讀本書除了訝異作者在悲劇作品和哲學理論的博學之外，讀者能夠從其評述的文字中吸取並擴充有關悲劇與悲劇性的知識，並且能夠理解悲劇之所以存在的意義與價值。

本書的中譯文字既流暢又典雅，與作者所要呈現的深刻內涵緊密融合一體，可讀性很高，值得大力推薦。

國立臺北教育大學語文與創作學系退休教授
張炳陽

目錄 CONTENTS

序言

這是我第二本關於悲劇的研究著作，或許是因為除了悲劇之外，很少有其他領域能讓偉大的藝術與最根本的道德與政治議題緊密相扣。悲劇之所以重要，其中一個原因是，悲劇是用來衡量我們最終價值的尺度；另一個原因則是，某種意識形態已經占用了悲劇這個形式，導致許多人對悲劇一直存有疑慮，我想要不是因為這樣，這些人應該能從悲劇中獲益不少。悲劇在藝術形式中一向屬於小眾，而我的作品，無論是《甜蜜的暴力》（*Sweet Violence*）還是本書，則試圖遵循已故的好友兼導師雷蒙德．威廉斯（Raymond Williams）的做法，使悲劇成為一般大眾也能欣賞的藝術形式。

悲劇為什麼對我個人來說很重要，這件事很難說清楚。就像威廉斯的《現代悲劇》（*Modern Tragedy*）一樣，如果我仍對悲劇的藝術層面與日常生活層面之間的關係的其他部分感興趣，或許是因為我在劍橋大學攻讀悲劇藝術的時候，我的現實生活正籠罩在災難的陰影之下，也就是我父親的離世，這件事我在回憶錄《守門人》（*The Gatekeeper*）裡提過。如果悲劇的某種特質是從死亡中汲取生命，儘管其中仍帶有悲傷與愧疚——這是我在學生時代首次接觸到這主題時的狀態，但到了今天，當我再次接觸這個主題時，心境已經不如過去那樣強烈了。

就這樣，我思考悲劇已經超過半個世紀，而這一切都是珍．馬爾許（Jan Marsh）開的頭。珍．馬爾許如今是一位傑出的前拉斐爾派（Pre-Raphaelite）學者，當初我們一起參加劍橋大學英文學科考試，在答完悲劇的試卷後，她對我說：「主考老師似乎覺得悲劇是個好題目。」珍．馬爾許大概已經忘了自己曾經說過這句簡單而意味深長的話，然而卻在我心中埋下了種子，而我所寫的關於悲劇的作品就是後來的果實。為此，我要對她致上深深的謝意。

泰瑞．伊格頓

第一章

悲劇死了嗎？

它不是巨大醜惡的事物；不是罕見不凡的命運；也不是難以抗拒的不朽機遇；它有的只不過是尋常厄運的印記。

亨利・詹姆斯（Henry James）

《叢林中的野獸》（*The Beast in the Jungle*）

據說世界上到處都有悲劇。如果我們是用日常的意義來解釋這個詞，那麼這句話的確說得沒錯。為了孩子的死亡、礦災或人類心智的逐漸衰退而哀傷，這並非只限某個文化所特有。悲傷與絕望是人類的共通語言。但是從藝術層面來看的話，悲劇卻是高度特定的類別。舉例來說，在中國、印度或日本的傳統藝術裡，幾乎找不到任何類似悲劇的事物。[1]布萊爾・霍茲比（Blair Hoxby）對早期現代悲劇做了一流的研究，他指出，「歐洲人曾經生活在沒有悲劇（the tragic）這個類別的時代裡，儘管當時他們身旁到處都是悲劇」。[2]悲劇這個形式並非起源於時時刻刻對人類境況的反思，而是特定文

1 見 Terry Eagleton, *Sweet Violence: The Idea of the Tragic* (Oxford, 2003), p. 71.

2 Blair Hoxby, What Was Tragedy? (Oxford, 2015), p. 7.

明在面臨衝突時，為了捕捉轉瞬即逝的歷史時刻而產生的形式。[3]

所有藝術作品都有政治面向，但悲劇從一開始就是一項政治制度。事實上，對漢娜．鄂蘭（Hannah Arendt）而言，悲劇就是最典型的政治藝術。[4] 鄂蘭寫道，唯有在劇場中，「人類生活的政治領域才會轉變成藝術」。[5] 古希臘悲劇不僅是政治制度本身，其中兩部作品，艾斯奇勒斯（Aeschylus）的《仁慈女神》（*Eumenides*）與索福克勒斯（Sophocles）的《伊底帕斯在克羅諾斯》（*Oedipus at Colonus*），更是進一步關注公共制度的建立與維護。眾所皆知，悲劇的演出在古希臘屬於狄俄倪索斯（Dionysus）祭典的一部分，由城邦任命的個人出資舉辦，此個人的職責就是訓練合唱隊（Chorus）與支付其薪水。城邦透過首席執政官（chief magistrate）的權威，對悲劇進行一般性的監督，並將演出的腳本保存在檔案館裡。城邦不僅支付演員薪水，也資

---

3 不過伊迪絲．霍爾（Edith Hall）認為亞里斯多德（Aristotle）的《詩學》（*Poetics*）已經開始讓悲劇形式普世化了，但《詩學》並未將悲劇置放在公共脈絡中。見 Edith Hall, 'Is there a *Polis* in Aristotle's *Poetics*?', in M.S. Silk (ed), *Tragedy and the Tragic* (Oxford, 1991).

4 見 Barbara Cassin, 'Greeks and Romans: Paradigms of the Past in Arendt and Heidegger', in *Comparative Civilisations Review* no. 22 (1990), p. 49.

5 Hannah Arendt, The Human Condition (Chicago, 1958), p. 188.

助那些因貧困而無力支付入場費的市民入場觀看演出。[6]戲劇比賽的裁判由市民選出，這些人無疑會把平日擔任法院陪審員與政治大會成員時慣用的精明幹練，用於戲劇表演的評判上。尚—皮埃爾・韋爾南（Jean-Pierre Vernant）與皮埃爾・維達爾—納給（Pierre Vidal-Naquet）評論說，這是「城市本身轉變成劇場」的問題。[7]拉伊納・弗里德里希（Rainer Friedrich）則表示，「悲劇文本成為城邦市民論述這個大文本的一部分」。[8]

因此，悲劇不只是美學經驗或戲劇場景，它也是倫理—政治教育的一種形式，有助於灌輸市民美德。對漢娜・鄂蘭來說，政治與悲劇劇場之間有著類似之處，因為前者是在充分公開的集會中進行，如同古雅典，政治集會讓

---

6 古代悲劇的相關深入研究，見 Emily Wilson (ed), *A Cultural History of Tragedy: vol.1, In Antiquity* (London, 2019).

7 Jean-Pierre Vernant and Pierre Vidal-Naquet, *Myth and Tragedy in Ancient Greece* (New York, 1960), p. 185. 關於悲劇是一種政治制度，也可見 J. Peter Euben, 'Introduction', in J. Peter Euben (ed), *Greek Tragedy and Political Theory* (Berkeley, 1986).

8 Rainer Friedrich, 'Everything to Do with Dionysus', in M.S. Silk (ed), *Tragedy and the Tragic* (Oxford, 1991), p. 263. 也可見 Simon Goldhill, 'The Great Dionysus and Civic Ideology', in John J. Winkler and Froma I. Zeitlin (eds), *Nothing to Do with Dionysus? Athenian Drama in its Social Context* (Princeton, 1990).

參與者轉變成表演者，就像舞台上的演員一樣。[9]往後，悲劇大多數時間都不屬於官方的政治制度，儘管十八世紀德國歌德（Goethe）的小說《威廉·麥斯特》（*Wilhem Meister*）與戈特霍爾德·萊辛（Gotthold Lessing）的戲劇理論都認為有成立國家劇院的需要，以促成民族統一。對萊辛而言，對其他同時代的一些德國思想家來說也是如此，劇院可以陶冶公眾美德與某種集體認同。[10]然而，無論是否以民族為基礎，悲劇依然以國家事務、反抗權威、雄心壯志、宮廷陰謀、不公不義、爭權奪利為主題，且這些主題全以貴族的事業為核心，他們的生與死對整個社會有著重大的影響。

從政治上來說，希臘悲劇擁有雙重角色，一方面肯定社會制度的存在，另一方面卻又質疑社會制度。藝術的內容可以使社會秩序獲得正當性，也可以提供觀眾心理上的安全閥，培養無害的幻想，使他們注意力分散，忽略統治政權各種令人厭惡的面向。亞里斯多德的《詩學》認為，悲劇並非無害的

9 見 Hannah Arendt, *Between Past and Future* (New York, 1978), p. 154. 也可見 Robert C. Piro, *Hannah Arendt and the Politics of Tragedy* (DeKalb, IL, 2001), esp. ch. 2.

10 關於萊辛的劇場觀念，見 G.E. Lessing, *The Hamburg Dramaturgy* (New York, 1962).

幻想，而是餵食觀眾某種劑量受到嚴格控制的情感（憐憫與恐懼），一旦過量，就會使社會顛覆。簡言之，悲劇是一種政治的順勢療法。[11]以悲劇作為一種批判作品來說，一場官方的政治活動，同時也是受尊崇的宗教節慶的一部分，居然大膽地以古希臘文明隱含的黑暗面為主題，包括瘋狂、弒父、亂倫、殺嬰等，無論怎麼巧妙地將這些主題安插到過去的神話，這樣的安排都是令人吃驚的。這就好像為了使英國女王榮耀而舉辦的花車遊行，花車舞台的主題居然是蘭斯洛特（Lancelot）與格妮薇爾（Guinevere）通姦與陳列開膛手傑克（Jack the Ripper）的戰利品。

依據亞里斯多德的看法，希臘悲劇可以提供某種形式的公眾療法，清除可能有害「城邦」健康的軟弱情感。然而，與柏拉圖（Plato）一樣，你也可以認為劇場的某些面向在政治上具有顛覆性，因此需要國家嚴格控管。往後，悲劇就有了一系列的政治作用。悲劇，既能提醒觀眾掌權者的權力有多麼不穩定而危險，也能提供一套民族賴以重生的神話。我們將會看到，日後

11　見 Philippe Lacoue-Labarthe, 'On the Sublime', *Postmodernism: ICA Documents 4* (London, 1986), p. 9.

德國悲劇哲學是如何解決中產階級文明初期湧現的某些矛盾。悲劇的公共或政治面向，持續存在於亨里克・易卜生（Henrik Ibsen）的劇場中，即使他的戲劇背景絕大多數屬於家庭。這是因為，在易卜生的作品中，家庭是傳達較深刻的社會議題的媒介，所以私領域與公領域變得難以截然劃分。在此之後，我們才看到所謂的私人悲劇大量出現，這些悲劇早在十八世紀一些家庭戲劇中已經能見端倪，這些戲劇的中心往往是一位亂倫的父親、一位染有毒癮的母親，或是一對已婚的伴侶，這些人最後都免不了落入家庭分崩離析的境地。

然而，悲劇的政治性牽涉的事物遠比舞台表演來得複雜，它也意謂著悲劇自身意義的角力。在《悲劇之死》（*The Death of Tragedy*）中，批評家喬治・史坦納（George Steiner）認為，悲劇是對現代性的批判。隨著現代的誕生，真正的悲劇精神隨之死亡。悲劇無法在信仰世俗價值的時代中存活，也無法見容於啟蒙的政治體制、人類事務的理性計算，以及宇宙奧祕的最終可理解性。在這個除魅的世界裡，悲劇處處感到不自在，於是「現代悲劇」便成為某種矛盾的修辭。悲劇無法忍受功利主義倫理或平等主義政治。悲劇作為藝術形式中的貴族，在這個單調無味的時代裡，除了象徵精神上較為崇高的社會秩序的記憶遺跡，也象徵著其他事物。在物質主義的時代，悲劇代表的是一種超驗的殘餘。

悲劇一開始是一項政治制度，到最後卻成為一種反政治的形式。我們從商人、辦事員與地方議員的掌握中解放出來，重新回到諸神、殉難者、英雄與勇士的世界。它讓我們可以在這個充滿普通人的庸俗年代，再次將眼光望向神祕、神話與形而上的世界。如果考慮到悲劇與民主在歷史上的親緣性，這種對民主精神的嫌惡尤其令人感到諷刺。悲劇——或至少從某種堅定支持悲劇的立場來看——在現代可以作為某種替代宗教的事物，用來處理罪惡感、逾矩、苦難、贖罪與榮耀。[12]悲劇因上帝之死而重生，並且代之以崇高的神聖氛圍。對於大部分美學理論來說，最燦爛耀眼的莫過於崇高，而悲劇正是崇高的最高表現——也就是說，悲劇的卓越是雙重的，處於最高的美學模式的最高地位。

12 關於現代的宗教替代品，見 Terry Eagleton, *Culture and the Death of God* (New Haven, CT and London, 2014).

在這個觀點下——這麼想的絕對不是只有史坦納一人——悲劇可以說處處與現代扞格：悲劇是菁英主義而非平等主義、是出身貴族階級而非勞動階級、講求精神而非追求科學、絕對而非偶然、無法挽回而非可以修補、普世而非褊狹、認為一切都已注定而非可以自我決定。悲劇描寫的是王公貴族之死，而非業務員自殺。阿圖爾・叔本華（Arthur Schopenhauer）是少見的、認為巨大的不幸不分社會階層而可能發生在任何人身上的悲劇哲學教授，在他稍微偏離正統的觀念中，這種狀況已足以稱為悲劇。叔本華評論說，不幸不需要源自於罕見的狀況或醜惡的性格，不幸也可能輕易而不知不覺地在人們的日常行為中發生。不過，雖然叔本華認為日常悲劇就我們絕大多數人可以察覺的範圍來說極其細微，但他也語帶矛盾地主張，悲劇主人翁最好還是來自於貴族階層，因為他們的殞落更引人注目。叔本華指出，使中產階級陷入貧困與絕望的狀況，在權力者眼中可能微不足道，而且這些狀況往往可以藉由人的行動而輕易補救，所以很難引發憐憫之情。[13]

13 Arthur Schopenhauer, *The World as Will and Representation* (New York, 1969), vol. 1, pp. 254-5 and vol. 2, p. 437.

法國自然主義小說家龔固爾兄弟（Edmond and Jules de Goncourt）的心胸比較寬厚，他們寫道：

> 我們必須問自己，在我們生活的這個平等年代，對作家或讀者而言是否仍有太不值得一提的階級、太卑微的不幸、太粗俗的戲劇、恐怖程度不足以驚天動地的災難。我們想知道，悲劇這個已經被遺忘的文學與已經消失的社會的傳統形式，是否真的已經死了；在一個缺乏階級與法定貴族的社會裡，小人物與窮人的不幸，是否能跟大人物與富人的不幸一樣引起相同程度的興趣、情感與憐憫；簡言之，是否底層民眾所流的淚水，也能跟上層人士流的淚水一樣賺人熱淚。[14]

從這方面來說，龔固爾兄弟是所謂的資產階級悲劇世系的子嗣，資產階

14 轉引自 George J. Becker (ed.), *Documents of Modern Literary Realism* (Princeton, NJ, 1973), p. 118. 關於悲劇社會階級的研究，見 Edith Hall, 'To Fall from High to Low Estate? Tragedy and Social Class in Historical Perspective', *PMLA* vol. 129, no. 4 (October 2014).

級悲劇的十八世紀代表人物如狄德羅（Diderot）與萊辛，他們呈現給我們的是熟悉場景裡的一般男女。例如萊辛認為，坐在正廳前排的中產階級觀眾應該會發現，舞台上的人物反映出自己的日常。[15]在這樣的思潮影響下，悲劇既不再以英雄的語調、新古典時代的慣例來定義，也不再受限於人物的社會地位，而是純粹反映情感的真實性。中世紀與文藝復興時代的悲劇理論認為，出身高貴的英雄從飛黃騰達到墜入無底深淵乃是悲劇形式的關鍵；然而，一旦悲劇的主角從充滿魅力的貴族換成平淡無味的資產階級，悲劇反映災難性墜落的觀念便開始消褪了。同樣地，悲劇揭露權力的變化多端與世事的反覆無常，這樣的功能也隨之消失。

相較於萊辛，比較傳統的觀點認為，悲劇藝術的主題不是窮人的不幸，而是神話與命運、儀式與血祭、重罪與英雄的贖罪、邪惡與救贖、嫉妒的諸神與順從的受害者的種種不幸。悲劇描述的磨難，一方面使人心靈高尚，另一方面也使人心生敬畏，因此我們在離開劇場時，屠殺的場景已對我們產生

15 見 Lessing, *The Hamburg Dramaturgy*, pp. 178-94.

教化的效果。[16]人類只有在遭遇災難時，精神才會顯露真正的高貴特質。悲劇是一種獨特形式，它呈現給我們的不只是人類單純地受苦，也不只是單純地超越苦難，而是無論呈現哪一種狀況，都同時伴隨著另一種狀況。用史坦納的話來說，悲劇呈現的是「一種悲傷與喜悅的融合，一方面哀憐人類的墮落，另一方面又對人類精神的重新奮起歡欣鼓舞」。[17]在這裡，藝術形式扮演著關鍵角色，它形塑、疏離、淨化並且濃縮悲劇的材料，使我們更能接納悲劇的力量。大衛．休謨（David Hume）在《論悲劇》（*Of Tragedy*）中表示，悲劇的雄辯與藝術性，使悲劇令人痛苦的內容變得較為愉悅。埃德蒙．伯克（Edmund Burke）提出絕妙的論點，他認為這種愉悅是大自然賜予的，為的是不讓我們繼續逃避現實人生的苦難，並且激勵我們盡可能幫助那些受苦的

16 關於這方面的典範作品，見A.C. Bradley, *Shakespearean Tragedy* (London, 1904); D.D. Raphael, *The Paradox of Tragedy* (London, 1960); Dorothea Krook, *Elements of Tragedy* (New Haven, CT and London, 1969); F.L. Lucas, *Tragedy: Serious Drama in Relation to Aristotle's 'Poetics'* (London, 1966); Walter Kerr, *Tragedy and Comedy* (New York, 1968); and Joseph Wood Krutch, *The Modern Temper* (London, 1930).

17 George Steiner, The Death of Tragedy (London, 1961), p. 130.

人。[18]此外，將事件寫成故事，可以讓這些事件獲得在日常生活中缺少的可理解性與潛在的普世性。在古希臘悲劇中，把行動推回到過去的傳說，可以獲得與上述狀況大致相同的認知距離。因此儘管悲劇行為充滿混亂與偶然性，我們還是能隱約看出神意主宰了一切，尤其稍微保持一點距離會看得更清楚。

在一些現代批評者的觀點中，哲學家如黑格爾（Hegel）就對悲劇的苦難賦予了正面價值，並且主張悲劇揭露了理性的設計。這是個具有說服力的例證，然而事實上，悲劇藝術的存在本身就足以說明悲劇向世界傳達的絕不僅僅只是痛苦而已。悲劇並非無言的嘶吼。對賈克・拉岡（Jacques Lacan）來說，現實界（the Real）的創傷非語言所能形容，而悲劇就位於語言無法形容的那一側。貝托爾特・布萊希特（Bertolt Brecht）寫道：「語言透過聲音，或更好的是透過詞彙，促成廣泛的解放，因為語言意謂著承受苦難之人開始產生某種事物。他已經將自己的悲傷與描述自己承受的打擊混合在一起；他

18 見 Edmund Burke, *A Philosophical Enquiry into the Origin of our Ideas of the Sublime and Beautiful* (London, 1958), p. 46.

已經從滿目瘡痍中創造出某種事物，由此產生了看法。」[19] 羅蘭・巴特（Roland Barthes）在《論拉辛》（*On Racine*）中提到，在悲劇裡，一個人只要一直說話，他就不會死。當我們再也不能說話時，那才是真正的絕望。如果李爾（Lear）死後還有希望的話，那麼希望就寫在整部詩作與其他地方，面對這場災難，這些詩句並未因此沉默。然而事實上，詩作的存在對於詩作所描述的恐怖不過是個小小補償。鮑里斯・巴斯特納克（Boris Pasternak）筆下的尤里・齊瓦哥（Yuri Zhivago）說道：「每件藝術作品，包括悲劇在內，都見證了存在的喜悅⋯⋯藝術作品思索死亡的同時，也因此創造了生命。」但是，藝術的實現卻無法挽回小說描繪的苦難。

從保守的觀點來看，艾斯奇勒斯是悲劇的，但奧施維茨（Auschwitz）不是。這不是說猶太人大屠殺（Holocaust）的可悲可以用語言形容，而是說猶太人大屠殺無法讓我們對人類的可能性有更深刻的體會。凡是讓我們沮喪而非讓我們昇華的事物——無論是空難、飢荒還是某個孩子的死亡——都沒有

19 Bertolt Brecht, *The Messingkauf Dialogues* (London, 1965), p. 47.

資格取得悲劇的地位。悲劇的美學意義在不知不覺中擺脫了日常意義。這不僅是歷史的斷裂，也是概念的斷裂：古希臘人對於我們口語中的悲劇意義應該一無所知，也不曉得悲劇可以作為一種世界觀（不過索福克勒斯曾經冷酷地認為，人最好是不要出生，這也反映了一種世界觀）。對古希臘來說，悲劇會讓人聯想到宏偉或浮誇，這也是為什麼阿里斯多芬（Aristophanes）會取笑悲劇最新流行的風格，卻很少奚落悲傷的內容。[20]「悲劇」的一般意義是日後發展出來的，這個過程可說是人生模仿藝術的例證。而「悲劇」的一般意義指某件「令人悲傷得說不出話來」的事物，既不是指藝術形式，也不是指對世界的願景。附帶一提，一個文化就算未能產生任何非常著名的悲劇藝術，也能擁有悲劇的願景，反之亦然。

在古典觀點中，現實生活的災難並非悲劇，因為這些災難只是單純的受苦。只有當苦難受到藝術的形塑與疏離時，苦難的某種深刻意義才會被釋放出來，此時我們才能真的說那是悲劇。悲劇藝術不僅僅描繪不可忍受的事

20 見 Glenn W. Most, 'Generating Genres: The Idea of the Tragic', in Mary Depew and Dirk Oblink (eds), *Matrices of Genre: Authors, Canons, and Society* (Cambridge, MA and London, 2000).

物，它也鼓勵我們思考、榮耀、紀念這些事物，調查這些事物的起因，悼念受害者，將這些經驗吸收到我們的日常生活裡，把恐怖轉化為力量，使我們能面對自己的弱點與必死的現實，而且或許能在這些事物的核心找到片刻的肯定。這份肯定，如我們先前提過的，指的是藝術本身仍具有的可能性。然而這個理論的問題在於，上述事物也會在現實生活的災難中發生，現實生活的災難很少只是單純的受苦而不存在其他事物。二〇〇一年，世界貿易中心攻擊事件迅速引發集體的戲劇性事件：公開悼念與默哀、神話與傳說、提名與表揚、沉思與紀念，這一切都是悲劇行動的一部分。我們不需要把苦難搬上舞台，也能超越眼前的痛苦。

悲劇的保守觀點非常仰賴古希臘劇場，但這類觀點卻與一些悲劇作品格格不入。舉例來說，如果以「宇宙是合於秩序的與和諧的」觀點來說，尤里比底斯（Euripides）的戲劇作品幾乎談不上出色。對保守的理論而言，這類秩序給予我們有意義的安慰，在戲劇裡顯示秩序遭到侵犯，正可證明秩序的顛撲不破。悲劇也培養尊崇、敬畏與順服的情操。意識到自身的脆弱，我們在悲劇中找到對傲慢理性的批判，但並不因此淪為悲觀主義或科學決定論。

我們知道自己是自由的，但這種認知無損於我們對宇宙必然性的尊重。如果庸俗的決定論應該予以否定，那麼目無權威的個人主義也該予以拒斥。人類既非只是外在力量的玩物，也非（根據熟悉的中產階級神話）獨立自主完全能為自己負責。人類可以自由到足以反對科學唯物主義者，也可以跌破自由個人主義者的眼鏡，完全服從宇宙的法則。人類的力量因此既遭到貶低，又獲得肯定。我們是行動者，這點無庸置疑，但我們所有的行動並非完全源自於我們自身。這種狀況與觀看舞台上悲劇的觀眾有點類似，觀眾是主動的，因為他們能詮釋戲劇，但觀眾的身體是被動而無力的，因為他們無法介入戲劇以防止災難的發生，他們就跟劇中的主角一樣，是命運的受害者。除了少數前衛的例外，所有的劇場都是一幅決定論的景象，因為所有的觀眾都不被允許爬上舞台。「劇場」（theatre）與「理論」（theory）這兩個詞彙在語源上是相關的，兩者都意謂著沉思而非行動。

既然我們能從失敗與悲哀中受益，我們就擁有希望，但這種希望絕不是某種天真的樂觀主義。[21] 悲觀主義者與進步主義者因此沒有置喙的餘地。人

21 關於兩者的不同，見 Terry Eagleton, *Hope without Optimism* (London and New Haven, CT, 2015), especially ch. 1.

性的高貴在機械唯物主義者的挑戰下獲得肯定，而烏托邦夢想家則被提醒人類是有其局限的。人類在堅持悲劇揭露的價值的同時，也承認自身的脆弱，必須小心翼翼從憤世嫉俗與趾高氣揚之間航行而過。理性在人類事務中有著一席之地，但顛覆性的虛無主義者並不這麼想；苦難的難以理解凸顯出理性的局限，這使得那些中產階級理性主義者無法得到安慰。這當中存在著憐憫與恐懼，但這些是昇華的情感，不能與多愁善感的人道主義相提並論。

從這個觀點來看，悲劇推崇智慧勝過知識、神祕勝過清晰、永恆勝過歷史。悲劇代表啟蒙運動陰暗的底面，是啟蒙主義者過度光照下的陰影。克里斯多福·諾里斯（Christopher Norris）寫道：「悲劇的氣質，與人文主義理性主義的一般語義完全不同。」[22]在與啟蒙主義者的爭論中，其中一項歧異是主張悲劇的根源要比社會來得深刻，因此是不可修復的。沒有任何藥物能醫治菲羅克忒忒斯（Philoctetes）紅腫流膿的腳，沒有任何心理諮商能使菲德拉（Phaedra）免於走上絕路。婚姻諮商幫不上安娜·卡列尼娜（Anna

22 Christopher Norris, *William Empson and the Philosophy of Literary Criticism* (London, 1978), p. 91. 這段評論是為理性主義背書，而不是批評理性主義。

Karenina），文化差異課程也無法挽救奧賽羅（Othello）的命運。悲劇因此是對社會改革者與政治烏托邦主義者的否定。在喬治．史坦納眼中，易卜生的戲劇無法通過悲劇的測試，因為他提出的爭議實際上都是可補救的。《人民公敵》（*An Enemy of the People*）以一間公共浴場的汙染為主題，史坦納認為這個內容實在不值一提，不足以成為貨真價實的悲劇。他用誇飾的語氣寫道：「如果在悲劇的屋子裡有浴場，那也是為了謀殺阿加曼農（Agamemnon）而設置的。」[23]

根據這個理論，相較於凝視事物的黑暗核心而能成熟除魅的人，有些人抱持的社會希望實在天真得無藥可救。[24] 史坦納表示：「李爾的命運無法藉由為老人設立適當的家而獲得解決。」[25] 事實是否真如史坦納說的那樣，其實並不是那麼明顯。如果李爾被狠心的女兒趕出家門後，獲得某個善心人士的安慰與收容，那麼他很可能不會死。同樣地，燕卜蓀（William Empson）

23 Steiner, *The Death of Tragedy*, p. 243.

24 見 Roger Scruton, *The Uses of Pessimism and the Danger of False Hope* (London, 2010).

25 Steiner, The Death of Tragedy, p. 128

也提出不錯的看法，他認為：「社會的任何改善都能防止人力的荒廢；即使過著幸運的日子，即使生活中充滿著親密關係，仍不免深刻感受到荒廢與孤立，而這正是悲劇的核心情感。」[26]這不一定是反政治的例證；事實上，燕卜蓀把這個例子當成長期的社會主義例證。然而，這個例子也堅持政治有其限制。政治也許可以消滅某些衝突，但政治無法徹底化解悲痛與絕望。

傳統觀點認為，在一個失去神話、神意與惱人的眾神的世界裡，悲劇藝術不可能長久存在。然而，這個世界確切在什麼時候放棄了神靈，這點仍有爭議。與馬克・吐溫（Mark Twain）不同，悲劇並非只有一篇提早到的訃告，而是一整個系列。黑格爾認為，所謂的藝術到了現代已走到盡頭，雖然悲劇藝術仍在舞台上繼續演出，但內容絕大部分低劣不堪，缺乏古代人的世界歷史向度。悲劇藝術捨棄了這類重要議題，轉而走向倫理學與心理學，這種衰微的過程早在尤里比底斯的作品中就已經預見。對尼采而言，悲劇在嬰兒時期就已死亡，隨著懷疑的尤里比底斯與理智的蘇格拉底（Socrates）來臨而被

26 William Empson, *Some Versions of Pastoral* (London, 1935), p. 12.

扼殺在搖籃之中。西格蒙德．佛洛伊德（Sigmund Freud）認為，命運觀念是古代悲劇的核心，他懷疑現代不可能出現任何可以與古代悲劇比擬的信服作品。[27]伊底帕斯情節比伊底帕斯更為人所知，但悲劇是否也是如此，批評家就不那麼確定了。

理查德．哈本（Richard Halpern）否定「悲劇之死」理論，但他也認為，在整個十八世紀與十九世紀大部分時間，悲劇形式可能放了一個「延長的假期」。[28]人們也許會接著說，這段時期正好是日漸自信的中產階級蒸蒸日上的時代，當這份自信開始在十九世紀晚期衰退時，悲劇也跟著捲土重來。史坦納主張，悲劇藝術最晚存續到拉辛，之後就開始步入衰微。他認為，悲劇的衰微「伴隨著西方理想的民主化而出現……悲劇呈現的是高貴的苦難與非凡的痛苦」。[29]有些人認為，正是基督教抱持的末世論希望，對悲劇施加了

27 見 Sigmund Freud, *The Interpretation of Dreams*, in James Strachey (ed.), *The Standard Edition of the Complete Psychological Works of Sigmund Freud* (London, 1953–74), vol. 4, p. 262.

28 Richard Halpern, *Eclipse of Action: Tragedy and Political Economy* (Chicago and London, 2017), p. 2.

29 見 George Steiner, ‘“Tragedy”, Reconsidered’, in Rita Felski (ed.), *Rethinking Tragedy* (Baltimore, MD, 2008), p. 37.

最後一擊，還有一些人的研究，如約瑟夫·伍德·克魯奇（Joseph Wood Krutch）的《現代的特徵》（*The Modern Temper*）指出，殺死悲劇的乃是科學與世俗主義。悲劇之死有多悲劇——悲劇之死是否會被當成令人哀傷的損失而受到哀悼——是個眾說紛紜的問題。在評論了萊昂內爾·阿貝爾（Lionel Abel）《後設戲劇：戲劇形式的新觀點》（*Metatheater: A New View of Dramatic Form*）之後，蘇珊·桑塔格（Susan Sontag）分享了作者的觀點，認為並不需要為悲劇之死而沮喪，因為在她的看法中，悲劇從來不是西方劇場的核心。[30]

阿爾貝·卡繆（Albert Camus）認為到了現代，秩序感與拘束感的喪失對於悲劇精神來說是致命的，因為個人未能被冷酷地提醒自己的力量有限，如此悲劇精神將無從發展。[31] 阿格妮絲·赫勒（Agnes Heller）與費倫茨·費赫爾（Ferenc Feher）主張，悲劇之死緊隨著上帝之死而來，他們不認為悲劇最新流行的風格是為了填補上帝的缺席而產生。現代世界是「隱藏的上

30 見 Susan Sontag, 'The Death of Tragedy', in Sontag, *Against Interpretation* (London, 1994).

31 見 Albert Camus, 'On the Future of Tragedy', in Camus, *Lyrical and Critical Essays* (New York, 1968).

帝」（*deus absconditus*）的劇場，是本體論的深淵，悲劇的自由與尊嚴，都在這個深淵裡消失得無影無蹤。[32]還有一些人認為，悲劇無法在猶太人大屠殺或現代性晚期的意義普遍喪失或後現代主義毫無深度且去中心化的主體性之後，還能繼續存在。[33]與此相對，雷蒙德・威廉斯的《現代悲劇》——書名正好回應了史坦納的《悲劇之死》——認為悲劇藝術直到二十世紀依然維持著活力。

喬治・史坦納指責基督教與馬克思主義造成悲劇的衰微。他宣稱：「任何神學，只要能提供悲劇英雄一個補償的天堂，那麼哪怕只是輕輕一碰，對悲劇都是致命的。」[34]照這個說法，英國小說最動人的悲劇人物之一，薩繆爾・理查森（Samuel Richardson）筆下虔誠相信來生的克拉麗莎（Clarissa）就不能算是悲劇，如果哈姆雷特（Hamlet）真的相信人死後可以到天堂享福，而非就此長眠遭人遺忘，那麼他也不算是悲劇人物。馬克思主義與基督教根

---

32 Agnes Heller and Ferenc Feher, *The Grandeur and Twilight of Radical Universalism* (London, 1991), p. 311.

33 關於這個主題的實用調查見 Thomas Van Laan, 'The Death of Tragedy Myth', *Journal of Dramatic Theory and Criticism* (spring, 1991).

34 Steiner, The Death of Tragedy, p. 129.

本上都蘊含著希望，但在史坦納的觀點中，悲劇的結局都是悲慘的。然而這種觀點的確啟人疑竇。亞里斯多德提到苦難可能變成幸福，而幸福也可能變成苦難。《奧瑞斯提亞》（*Oresteia*）的結局就是正面的。許多悲劇夾帶著一絲希望，看起來羞怯而短暫，而且伴隨著哀嘆。悲劇並非如史坦納想像的，只要結局悲慘就可稱之為悲劇，而是必須將男男女女從地獄裡拉出來，使他們獲得救贖；他們當中有許多人就像伊底帕斯與李爾一樣，無法撐過煉獄的煎熬；而即使他們撐得過來，也無法保證當他們從煉獄解脫後，是否還能保有生氣勃勃的精神形象。此外，悲劇不只是破碎與再造的創傷，最重要的是，這一切都出於必然。正因為我們的人性如此醜惡，我們的自我錯覺如此根深柢固，所以才必須接受火的洗禮。如果改良主義者是對的，我們毋需進行徹底的自我剝奪就能建立符合公義且具有同志情誼的未來，那麼這樣當然再好不過。可惜的是，抱持這種觀點的人才是不折不扣的烏托邦空想家，至於冷眼的現實主義者則認為悲劇是努力凝視現實界美杜莎（Medusa）的頭而不讓自己變成石頭。

馬克思主義與基督教其實倡導的都是悲劇教義，但這不是因為它們設想歷史將有一個災難性的結局，而是它們意識到，一個不公不義的世界如果要獲得救贖，必須付出駭人的代價。《新約聖經》（*New Testament*）之所以意義非凡，就在於它是悲劇文獻，而非英雄文獻。出身社會底層的主人翁卑賤地死去，既不高貴，也沒有教化意義，這樣的死法向來是羅馬帝國當權者用來對付政治叛亂者的手段。凱絲琳・桑德斯（Kathleen M. Sands）寫道，「有神論信仰的悲劇只是表面的，這裡的悲劇提到的失去其實並非終局」；[35] 但是，儘管苦難終能克服，要讓這一切發生仍需面對苦難的現實，這種雙重的視角正是悲觀主義者與潘格羅斯信徒（Panglossians，指樂觀主義者）不願承認的。耶穌復活的身體仍舊留有傷痕，因此並未抹除祂曾遭受拷打與羞辱的事實。即使是上帝也不能改變過去。祂無法使在痛苦中死去的人又在愉悅中離世。基督教信仰的確承諾一個能超越悲劇的未來——在這個世界裡，破碎的東西可以恢復完整，哀哭的人可以得到安慰，一切的眼淚都能被擦去；然而，唯有通過死亡與自我棄絕，這樣的未來才能獲得實現。

35 Kathleen M. Sands, 'Tragedy, Theology, and Feminism', in Felski (ed.), *Rethinking Tragedy*, p. 89.

至於馬克思（Marx），那些宣稱「他反對整個悲劇概念」的人，[36]忽略了馬克思對英國手搖紡織機織工與其他事物遭到摧毀時所表現的驚恐，以及把這件事視為深刻的悲劇過程，此外也未能注意到馬克思曾經評論資本主義的出現，每個毛孔都在滴血。吉爾・德勒茲（Gilles Deleuze）因此錯誤地認為「辯證法一般來說並非抱持著對世界的悲劇願景，相反地，辯證法主張悲劇已死，要用（蘇格拉底的）理論概念或（黑格爾的）基督教概念來取代悲劇的願景。[37]馬克思是辯證法學者，對他而言，衝突的解決必定會帶來無法修復的損失。在階級鬥爭中死亡的人，無論他們的子孫能取得什麼樣的成功，他們都無法得到回報。在《現代悲劇》中，雷蒙德・威廉斯認為二十世紀的反殖民革命構成了在時空延伸的單一悲劇行動；但他把這個行動稱為悲劇，意思不是指這些叛亂遭到擊潰，也不是指從一開始發起這個行動就是愚蠢的。威廉斯的意思毋寧是，殖民主義罪大惡極，要解決這些罪行必須奮戰

36 Miriam Leonard, *Tragic Modernities* (Cambridge, MA and London, 2015), p. 10.

37 Gilles Deleuze, *Nietzsche and Philosophy* (London, 1983), p. 18.

到底、付出生命的代價，而這正是悲劇的來源。[38]慶祝的原因與其說起死回生，不如說是生命的完全消逝。

寫下《悲劇之死》的史坦納堅稱，即使悲劇質疑價值，但悲劇也蘊含價值。我們不會對我們認為毫無價值的事物的喪失感到悲傷。一隻蠼螋的死無法構成拉辛寫作的理由。或許終極的悲劇會是，我們對於人類價值如此漠不關心，以致我們再也無法哀悼。史坦納評論說：「〔悲劇的〕人因為諸神報復的怨恨或不公義而變得高貴。但這並不會讓人變得無辜，只是使人彷彿通過火的試煉而變得神聖。」[39]然而，在史坦納晚期的看法中，任何這類的提昇都意謂著悲劇的毀滅。從這個令人沮喪的觀點來看，即使是莎士比亞（Shakespeare）——唯一的例外是《雅典的泰門》（*Timon of Athens*）——也證明他的作品不夠陰鬱到足以稱為所謂的「絕對」悲劇藝術，「讓毫無價值的事物如黑洞般吞噬一切」。[40]但是，如果悲劇必須是絕對的，那麼一個人

38 見 Raymond Williams, Modern Tragedy (London, 1966), pp. 61-7.
39 Steiner, *The Death of Tragedy*, p. 10.
40 Steiner, ' "Tragedy", Reconsidered', p. 40.

原本很有可能實現希望，最後卻遭遇挫敗，這樣的狀況算不算悲劇？與一開始就不抱任何希望相比，這種狀況豈不是更辛酸？湯瑪士・哈代（Thomas Hardy）筆下的裘德・佛里（Jude Fawley）死時發現大學準備設立工人學院的計畫將自己排除在外，這件事實凸顯了他的失敗，但同時也稱不上完全、絕對的絕望。

事實上，露骨地表現出虛無主義傾向的悲劇少之又少——《雅典的泰門》顯然不屬於此類，除非人們荒謬地將這部作品解讀為支持主人翁瘋狂的厭世態度；然而在史坦納眼中，這種不間斷的陰鬱無疑是一種悲劇形式。這些頑固的社會工程支持者，只要得到一點正面消息，就能讓他們感到安慰。史坦納大可援引華特・班雅明（Walter Benjamin）《德國悲劇的起源》（*The Origin of German Tragic Drama*）檢視的悲劇（*Trauerspiel*）劇作家來支持自己的說法，這些劇作家身處於遭三十年戰爭（Thirty Years War）蹂躪的歐洲，在他們眼中，人類經驗只是空虛與徒勞。但史坦納沒這麼做，相反地，他以布希納（Büchner）筆下毫無悔意且陰鬱的沃伊策克（*Woyzeck*）作為典型的悲劇模式，而這個主人翁與史坦納平日喜愛的貴族悲劇英雄相差甚遠。此外，布希納作品問世的時間在《悲劇之死》認定悲劇已經死亡的時間之後，悲劇已被科學、理性主義、世俗主義、民主及低俗的現代性使用的粗暴語言結成的不神聖結盟所驅逐。史坦納也對克萊斯特（Kleist）、賀德林（Hölderlin）與華格納（Wagner）的作品頗多溢美之詞，然而就像布希納一樣，這三名作家都是在史坦納所謂悲劇陷入沉默之後的時代出現的。[41]

對早期的史坦納來說，悲劇仰賴某種宇宙秩序。然而，史坦納晚期似乎已不再這麼認為；相反地，他覺得悲劇面對著荒涼世界的現實。悲劇是一門無法容納正義、補償、神意或賠償的藝術。或許這是對認為悲劇本質上與和解有關的人的過度反應，之後我們會再對此討論。然而，問題是這種說法把悲劇等同於悲觀主義——而這樣的等同不僅被影響史坦納甚深（即使是潛移默化）的尼采輕蔑地加以否定，也完全違反了史坦納繼承的悲劇思想傳統。根據這項傳統，擊敗天真的樂觀主義者固然是好事，卻不能犧牲教化的可

41 為求公允，或許我該做一點補充，史坦納是我最喜愛的一名悲劇評釋者，這點應該很清楚，不僅因為我對於他大部分的主張都表示贊同，也因為他華麗的散文風格，充滿熱情、精湛與威嚴的詞藻，精雕細琢的文句與創意十足的描述。他是批評家身兼創意作家這個傳統的最後一人。

能。

史坦納的保守主義因此使他提出了兩個彼此互不相容的例證，一個出現在他生涯的早期，另一個則在晚期。對早期的史坦納來說，只要人類被迫服從於某種宇宙設計的法則，悲劇就會存在下去；對晚期的史坦納來說，這個世界並不存在這種神意模式，悲劇這種藝術形式有足夠的勇氣宣告這個令人沮喪的事實。無論哪一種悲劇觀念，都表現出對自由派與激進派的非難——這些人要不是身為庸俗的理性主義者，反對一切神祕或超驗的意義，就是輕信世界有足夠的意義與價值來做出可行的改變。從其他方面來看，史坦納提出的例證也是矛盾的。在所有現代劇作家中，薩繆爾．貝克特（Samuel Beckett）對意義之死的描寫比任何人都要來得寫實，但史坦納卻批評他的作品有缺陷而且單調。此外，如果任何形式的希望都對悲劇精神有害，那麼為什麼基督教信仰會在重要悲劇獲得繁榮發展的文藝復興時期居於核心地位？

悲劇是否能在古希臘人之後繼續發展，取決於許多條件，其中最主要的是人們對悲劇的定義。如果索福克勒斯與契訶夫（Chekhov）的作品被歸類為悲劇，但兩者的悲劇定義卻不一樣，那麼連續性的問題將變得十分複雜。

雷蒙德・威廉斯寫道：「悲劇不是單一而永久不變的事實，而是一連串的經驗、慣例與制度。」[42]然而若真是如此，我們必須問，為什麼我們要用同樣的名字來稱呼所有這些經驗、慣例與制度，是這些經驗、慣例與制度剛好擁有相同的名稱？還是這個名稱表示了一個單一的現象？這是唯名論者與本質論者，或者說，是歷史主義者與普世主義者之間的爭論。亞里斯多德屬於後者，他相信詩比歷史更具普遍性，而其他人則採取比較偏向歷史相對論的觀點。賀德林主張古希臘悲劇與共和主義之間的有機連結，他深信唯有重新創造這樣的政治條件，才能讓悲劇藝術再次興盛。法國大革命因此提供悲劇復興的可能。然而在此同時，在賀德林眼中，悲劇卻逐漸衰微。悲劇從古代的莊嚴墮落為多愁善感與譁眾取寵。[43]某方面來說，卡爾・馬克思也抱持相同的看法，他在《路易・波拿巴的霧月十八日》（*The Eighteenth Brumaire of Louis Bonaparte*）的著名開頭裡，諷刺地對比了古羅馬共和國的貴族精神與現代資產階級革命分子的庸俗做法，後者試圖在前者的服裝添上俗不可耐的花

---

42 Williams, *Modern Tragedy*, pp. 45-6.

43 見 Friedrich Hölderlin, *Essays and Letters* (London, 2009), p. 146.

飾。資產階級為了掩飾他們叛亂的膚淺，努力混合了滑稽劇與煽情戲，「想讓自己的熱情維持在高水準的偉大歷史悲劇上」。[44]

在《德國悲劇的起源》中，華特．班雅明堅持悲劇的歷史特異性，他認為只有古希臘悲劇才有資格稱為悲劇。班雅明抱怨說，悲劇哲學是一種去歷史化的論述，把悲劇化約成跨越不同歷史條件的一套概括情感。「可以適用於古今的悲劇」並不存在。現代劇場上演的東西與艾斯奇勒斯或索福克勒斯的作品毫無類似之處。對比之下，十七世紀的德國「悲劇」則明顯受到當時歷史脈絡的影響。在題為《哈姆雷特或赫庫芭？》（*Hamlet or Hecuba?*）的研究中，哲學家卡爾．史密特（Carl Schmitt）同樣對悲劇藝術的普世主義觀點表示懷疑，特別是現代根本沒有能力產生出悲劇。古典學者尚－皮埃爾．韋爾南強調，悲劇是古希臘人特有的藝術，才過了一個多世紀，就連亞里斯多德自己也無法真正地了解悲劇。[45] 伯納德．威廉斯（Bernard Williams）也認為悲劇是古希臘特有的，但他主張現代的倫理觀念與悲劇的人類生活願景

---

44 Karl Marx, *The Eighteenth Brumaire of Louis Bonaparte* (London, 1984), p. 11.

45 Vernant and Vidal-Naquet, *Myth and Tragedy in Ancient Greece*, p. 33.

相近。[46]各種悲劇理論也反映了各自的歷史脈絡：賽門．戈德希爾（Simon Goldhill）認為，黑格爾的悲劇哲學援引古希臘悲劇的集體規範與價值來回應伊曼努爾．康德（Immanuel Kant）抽象的普世主義與個人主義。他主張，「對黑格爾來說，悲劇是重新思索康德主體觀念的入口」。[47]我們之後要檢視的德國悲劇理論提出了一個普世的悲劇觀念，但這個願景本身卻是一個獨特歷史時刻的產物。

主張本質論悲劇觀點的同時，也可能認為悲劇作為一種戲劇形式其實早就已經消亡。根據這個觀點，悲劇捕捉了人類情況的現實，但藝術與歷史條件卻不利於悲劇在舞台上展現。如果悲劇是人類整體精神的一環，那麼我們很難理解悲劇為什麼會消亡；悲劇也許只會在某個關鍵歷史時刻以藝術的方式展現自己。然而，在歷史主義與普世主義之間，或者在唯名論與本質論之間做選擇可能毫無必要。與本質論者的看法相反，或許所有的悲劇其實並未

46 見 Bernard Williams, *Shame and Necessity* (Berkeley, CA, 1993), pp. 16-17.

47 Simon Goldhill, 'The Ends of Tragedy', in Joshua Billings and Miriam Leonard (eds), *Tragedy and the Idea of Modernity* (Oxford, 2015), p. 233.

擁有相同的單一特徵。並非所有我們稱之為悲劇的作品都呈現出惡意的命運或強者的殞落、致命的錯誤或絕對的威脅、精神的昇華或上帝的缺席。儘管如此，在這些所謂的悲劇作品之間還是有足夠的交集與親緣性顯示唯名論者的說法同樣不合理。無疑地，所有我們稱之為悲劇的文本都有一個共同特徵，那就是某種苦惱或厄運，就這點來說，本質論者是對的。就連曾經對悲劇本質觀念表示懷疑的雷蒙德．威廉斯，也在另一個研究中改變立場，認為「悲劇概念依然代表了一種合理但困難的作品群集，這種作品群集表現出某種以死亡與極度苦難和崩潰為中心的模式」。[48] 但是這類苦難的多樣紛雜使各種悲劇的共通性降到最低，而這應該會讓絕大多數充滿熱忱的文化主義者或歷史主義者感到滿意。此外，喜劇裡也不乏痛苦與悲傷，夏洛克（Shylock）與馬爾沃里歐（Malvolio）就是明證。

就失敗與崩潰的日常意義來說，悲劇確實是普世的。即使是最烏托邦的社會秩序也不可能不受致命的傷害、受挫的欲望與破碎的關係影響。有些王

48 Raymond Williams, *Politics and Letters* (London, 1979), p. 212.

公貴族在較為平凡的悲劇意義下死亡，如果認為這類悲劇不算悲劇，將使某些種類的悲劇變得無可挽救，如果悲劇局限於菁英事務，也許不會如此。王公貴族也許會停止發動戰爭，卻無法明確地終止悲痛或性嫉妒。我們也許可以剝奪悲劇的特權，但我們仍須接受其中一些特權已經獲得普遍認可。癌症無疑是可治癒的，但死亡卻是不治之症。或許我們渴望生活超脫於悲劇之外時應有所遲疑，因為一旦真的少了悲劇，我們必將失去對價值的感受。即使我們將一直遭遇希望的破滅與無法恢復的傷害，也不表示會有一個不間斷的藝術譜系會以大致同樣的方式將這些事物予以戲劇化；我們已經提過，悲劇絕非每個文明都會出現的藝術。

因此真正的問題是，悲劇是否會死亡或者突變？隨著中產階級社會出現，焦點開始從集體行動轉移到個別英雄身上。弗里德里希・謝林（Friedrich Schelling）——我們之後會再提到他——將悲劇行動予以內在化、心理化與個人化，他的做法與古希臘劇場大異其趣，但謝林卻認為自己這麼做完全忠實於古希臘悲劇。亞里斯多德認為是行動的事物，謝林卻認為是意識問題。整個悲劇過程必定源自於內在的存有狀態，而非源自於歷史條件。衝突與反叛大致上屬於內在事務，因為英雄孤獨而優越的靈魂被扯碎後，終將榮耀地恢復完整。對於心態較為包容的批評家來說，這是悲劇傳統中一個令人好奇的新流派，但對於堅守正統的人來說，這完全不是悲劇。

在《非此即彼》（*Either/Or*）中，索倫・齊克果（Søren Kierkegaard）認為現代悲劇的特點是主人翁的絕對自我責任（與因此產生的絕對內疚），他們的成敗完全取決於他們自身的行動。有人可能會將這個特點拿來與古代悲劇藝術做對比，例如古代悲劇在犯罪與無辜、自我與他人、自由意志與環境限制之間的複雜互動。[49] 在齊克果眼中，這種悲劇個人主義是值得讚揚的。它代表了對已逝過去的追求。然而黑格爾不這麼認為，他在《美學》（*Aesthetics*）中主張，現代悲劇將衝突個人化，使悲劇化約成純粹外在與偶發的事務。古代的悲劇英雄是較高等的物種，他們的地位高於一般人，而且以一種特殊的方式表現出對必然性的順從。根據黑格爾的看法，這類人物是世界歷史力量的媒介，但這種角色就不能放在現代悲劇舞台上心理內容較為

49 見 Søren Kierkegaard, Either/Or (Princeton, NJ, 1959), esp. pp. 140–9.

豐富的人物身上。舉例來說，莎士比亞的悲劇藝術並非源自於命運一絲不苟的展開，而是來自於不幸的環境，而這種環境總是充滿變化。如同新黑格爾學派批評家布萊德利（A. C. Bradley）在他的《莎士比亞悲劇》（*Shakespearean Tragedy*）說的，和解成為較為內在的與心理的事務。隨著命運觀念的消失——被現代意義下的隨機與偶然所擊潰——艾斯奇勒斯或索福克勒斯風格的藝術也不再可能出現。黑格爾與他的哲學對手尼采都抱持著一個相同的偏見，對他們來說，悲劇不再是公共領域藝術，而是個人化的、被內在驅動的藝術。尼采希望悲劇文化能夠復興，他的希望能否實現取決於公共領域悲劇的復興，在這個過程中，共同神話的出現扮演著重要角色。

悲劇之死有時可說是希臘悲劇之死的代碼。認為艾斯奇勒斯、索福克勒斯與尤里比底斯的戲劇才是悲劇的人，當他們看到不同歷史環境構思出來的悲劇時，往往會宣稱悲劇已經終結。湯瑪斯・萊默（Thomas Rymer）的《淺談悲劇：悲劇最初的卓越與衰敗》（*A Short View of Tragedy: Its Original Excellence and Corruption*, 1693）就是如此，他的書名就是明證。這就好像有人說詩已經死了，因為再也沒有人撰寫英雄雙行體，或者說波音（Boeing）

不是飛機，因為波音不再生產虎蛾機（Tiger Moth）。我們經常被告知，諸神、神話、命運、出身高貴的主人翁、崇高的精神與神聖意義是悲劇的本質，但沒有人告訴我們為什麼。或許希臘悲劇中奧林匹亞諸神的角色就在於展現那些挑戰祂們的惡意計畫或忍受祂們施加的命運的人的勇敢堅忍；但是，人們其實不需要這些道德上有瑕疵的諸神也能將這些美德撰寫成戲劇，後世有許多悲劇其實就是這麼做的。

現代性不僅未終結悲劇，反而給予悲劇新的生命。一方面，現代性無限膨脹潛在的悲劇主人翁隊伍。在民主時代，從街上隨便拉一個人，把他安插到擁擠不堪的聚光燈底下，就成為一個可能的候選人。麗塔・費爾斯基（Rita Felski）表示：「在民主化的苦難願景中，一名銀行職員或一名店鋪女孩的靈魂成為無數重要力量展現自身的戰場。」[50] 賀拉斯（Horace）勸告詩人不要讓諸神用平民的口音說話，無疑地，也不能讓悲劇英雄這麼做，但一提到現代英雄，我們就把這種勢利的說法丟到一旁。啟蒙運動之後，我們面對著

50 Felski (ed.), *Rethinking Tragedy*, p. 9.

令心靈為之撼動的說法（這個說法被基督教期待許久），那就是人類的價值來自於身為人類本身，而不是因為他們的地位、性格、性別或種族。

就這個意義來說，反動的是差異而非認同。亞瑟．米勒（Arthur Miller）指出，精神分析理論對於這個革命教條有著一定的影響，因為潛意識的策略不因社會分化而有所區別。[51]喜劇與悲劇共同的一個古代源頭是任何人都可以渴望任何人。欲望不會討好任何社會區分，欲望在佛洛伊德學說裡的恐怖雙胞胎——死亡——也是如此。即使如此，任何人都可以是悲劇主角的觀念卻有著不那麼正面的意涵。它意謂著悲劇是唯一一個連一般人都能達成的例外成就。尤金．歐尼爾（Eugene O'Neill）寫下這段話時，腦子裡恐怕也是抱持相同的看法，他說：「一個人的悲劇或許是他曾經有過的唯一一件意義重大的事……正因這樣的掙扎，才使個人的生活變得重要起來。」[52]現代的道德嚴重破產，因此悲劇的結局成了我們絕大多數人唯一能夠渴望的價值。

---

51 見 Arthur Miller, 'Tragedy and the Common Man', in *The Theater Essays of Arthur Miller* (New York, 1978), p. 215.

52 轉引自 Raymond Williams, *Modern Tragedy*, p. 116.

還有另一個理由可以說明為什麼現代性促進悲劇而非阻撓悲劇。我們近來得知理性的局限，曾經至高無上的人類主體的脆弱與自我的難以理解，人類主體暴露在自己無從控制的神祕力量之下，其能動性與自主性遭受限制，人類主體的根源來自於匿名的他者，而他者似乎完全無視人類主體的福祉，多元文化裡的各種善之間不可避免發生衝突，社會秩序的複雜密度使人性破壞像傷寒一樣在當中傳布。這種狀況與悲劇作家的雅典這種小而緊密交織的文化並非毫無相同之處。在後佛洛伊德時代，我們也發現我們可以追問是誰在進行某種行動，即使在我們的例子裡答案不是希拉（Hera）或宙斯（Zeus），或者思索在我們的行為中，是否意圖與結果之間存在著某種致命的空隙。在一個全球化的行星上，一旦所有人都被連結在一起時，一種原罪感——身為內疚的無辜者，我們知道，自己在這張濃密的連結之網前進時，不可能不在無意間於某個地方傷害某人——將會上演回歸的戲碼。還有一個問題是，地球能否在人類終極的傲慢行徑中存續下來，無論這個行為採取的是生態災難還是核子毀滅的形式。這就是黑格爾說的「當人忽視了權力，便是召喚這個權力來對抗自己」這句話的本質。[53]此外，在培養出這種浮士德式的（Faustian）渴望時，現代性也冒著目睹自己出現可恥崩潰的風險。沒有任何歷史時期如現代一樣釋放了如此豐沛的人類力量，因此也沒有任何歷史時期如現代一樣陷入可能被自己釋放的力量主宰的危險。如馬克斯・韋伯（Max Weber）所言，「眾多的古代諸神在除魅後轉變成非人的力量形式，它們爭奪力量以控制我們的生活，從而重啟彼此間的永恆鬥爭」。[54]

雖然悲劇冷漠地看待人類的苦難，但是以下這個看似有違常理的主張還是有可取之處，這個主張是，我們若能去除一整套曖昧模糊的假設，那麼悲劇就是一個肯定的模式：這些假設包括悲劇描繪不屈不撓的人類精神的勝利；面對逆境勢必能讓人獲得考驗與磨練；唯有處於極端的狀況才能赤裸裸地呈現人性；透過表面上看起來純粹不幸的事物才能看出神意秩序的輪廓。這些假設其實不是悲劇用來激勵觀眾最可信的方式。真正能產生激勵效果的，是讓觀眾看到一些人生命遭受危難或承受極度的痛苦，從而使他們重新

53 轉引自 Anne Paolucci and Henry Paolucci (eds), *Hegel on Tragedy* (New York, 1962), p. 50.

54 H.H. Gerth and C. Wright Mills (eds), *Max Weber: Essays in Sociology* (London, 1970), p. 149.

反思處於困頓下的人性價值。即使如此，悲劇哲學家普遍未能補充的是，還有其他同樣有用的方式能喚醒人們，使他們珍視人性的一切——我們不需要眼睜睜地看著別人死亡，也能了解他們的價值。

有些人，例如賈克・拉岡與斯拉沃熱・齊澤克（Slavoj Žižek），他們認為古拉格（Gulag）與猶太人大屠殺不能描述成悲劇，因為它們顯露的恐怖過於深刻，以致於無法昇華成悲劇的尊嚴。[55]齊澤克表示，把納粹集中營裡那些受害的囚犯稱為悲劇，是一種道德上的褻瀆。彷彿光是為這些令人髮指之事賦予意義就是一種背叛的行徑。但無意義是荒謬的，古拉格與猶太人大屠殺顯然不是如此。說它們帶有某種意義，不表示賦予它們價值。可理解並不等於道德上可接受。有些人擔心用條理分明的方式描述死亡營，等於與協助創造死亡營的理性的壓迫形式沆瀣一氣。但是，在終止這些罪大惡極的事情上面，理性其實也扮演著關鍵角色。無論如何，這不是說我們面對著完全沒有意義與完全充滿意義這兩種涇渭分明的選擇。雖然在最崇高的悲劇裡也

55　見 Slavoj Žižek, *The Fragile Absolute* (London, 2008), p. 40.

可能出現某種荒唐可笑的元素，但如果不願支持宏偉的悲劇構想，也不表示我們必須接受荒謬的內容。古希臘悲劇意識到某些事物超越我們的理解，但這不是說人類殘暴的行為是超越理智的。湯瑪斯．阿奎那（Thomas Aquinas）表示，當我們提到上帝時，我們不知道自己在說什麼。儘管如此，阿奎那為了討論上帝，還是留下了卷帙浩繁的作品。對佛洛伊德來說，意義的根源是無意義，但我們沒有理由認定意義是個壞東西而應該予以放棄。

無論如何，與齊澤克的想法不同的是，要讓一個事件有資格成為悲劇，並不需要涉及尊嚴或高貴的問題。當然，要成為悲劇必須涉及到價值觀，然而這些價值不一定要展現在我們從舞台上看到的那些人物的偉大精神上。當舞台上的人物感覺自己正一步步喪失價值之時，或許是我們，也就是觀眾，負起了守護他們的人性的責任。尤金．歐尼爾認為悲劇一定帶有某種「美化人心的高貴特質」，[56]但他卻未能區分悲劇角色的經驗與悲劇觀眾的經驗的不同。貝爾森（Belsen）或布亨瓦德（Buchenwald）集中營的囚犯不需要因

56 轉引自 by Raymond Williams, *Modern Tragedy*, p. 116.

為自己受的苦難而使自己的死亡被神聖化，也不需要勇敢地順從命運，或者意識到自己是世界歷史的人物，或者為了讓自己贏得悲劇的頭銜而在心裡為自己打氣：雖然人不免一死，但人的精神本身卻是無法擊敗的。這些囚犯只是置身於令人難以忍受的處境下的男男女女。而一個平凡無奇的事實是，一個人不需要做什麼特別的事也有資格成為悲劇主角。即使精疲力盡、無計可施，人終究是人。人不需要道德高尚，人只需要維持足夠的品德，讓自己不致於遭受不該有的災禍。以叔本華的話來說，悲劇是重大不幸的寓言。不管這個不幸是發生在舞台上還是舞台下，不管這個不幸是宙斯降災還是純屬意外，[57]不管主人翁是公主還是司機，不管毀滅是你自己招來的還是別人造成的，不管事件導致了和解還是絕境，或者不管是否親眼目睹超驗的人類精神，悲劇就是悲劇。大體來說，忠實於這些信條的一般大眾能以最具生產力

57 如十九世紀俄國評論家車爾尼雪夫斯基（N.G. Chernishevsky）的評論，「悲劇本質上與命運或必然性的關係毫無共通之處。在現實生活中，悲劇最常見的就是意外，而且不會是前事件產生的必然結果」；轉引自 Becker (ed.), *Documents of Modern Literary Realism*, p. 78. 在悲劇的評釋者當中，這樣的評論是相當罕見的。

的方式來使用悲劇一詞，反倒是理論家做不到這一點。[58]

悲劇呈現了極端狀態下的人類，無疑地，這是現代主義如此有利於悲劇形式的原因之一，因為現代主義全神貫注於我們或許可以稱為人類精神的一〇一號房的事物上。[59]庫切（J. M. Coetzee）在《等待野蠻人》（*Waiting for the Barbarians*）中表示，「最後的真實只會在最後的極端中吐露」。這是拷問者眼中的人性，認為真實與日常生活彼此對立。根據這個觀點，悲劇主角被投入到某個情境之中，導致他像許多小報一樣源源不斷地說出日常的幻覺與平凡無奇的妥協，因為他被帶到自己的真實身分面前並且直接面對自己的真實身分。我們將在後面的章節提到，亞瑟．米勒筆下的威利．羅曼（Willy Loman）是這方面的一個混合例證。直到最後，威利都一直堅持自己的錯誤意識；他不僅拒絕放棄這個虛假身分，也不願放棄要求對自己的認可，然而一個腐敗的社會卻沒辦法滿足他的期待。正是這種可怕的堅持，一方面充滿

58 「悲劇」一詞的日常運用，見 Robert C. Pirro, *The Politics of Tragedy and Democratic Citizenship* (London, 2011), pp. 12-14.

59 譯注：一〇一號房出自喬治．歐威爾《一九八四》。

勇氣，另一方面卻盲目輕信，使他最終陷入孤獨與死亡。

在這點上，羅曼展現出令人讚嘆卻也令人擔憂的堅定態度，而這種態度在悲劇舞台上昂首闊步的時間，其實可以追溯到索福克勒斯筆下那些頑固、性格火爆、堅忍不屈的主角身上。傳統上，悲劇人物都會受到某種內在力量的驅使，使他們奮不顧身地投入，他們寧可一死，也不願放棄對欲望的追求，因為他們珍視欲望更甚於存在本身。這種欲望，賈克．拉岡稱之為現實界的欲望，是一種渴望的形式，在這種形式中，生存本能（Eros）與死亡本能（Thanatos）緊密交織著。[60] 這種拒斥的態度最明顯的莫過於拉岡對索福克勒斯筆下的安蒂岡妮（Antigone）所做的解讀，在《精神分析倫理學》（*The Ethics of Psychoanalysis*）中，拉岡認為安蒂岡妮身處於某個超越理性、倫理與

---

60 由於在本研究中我要使用拉岡的三個概念，想像界（the Imaginary）、象徵界（the Symbolic）與現實界，所以接下來我會依序解釋這三個概念。拉岡的想像界指我們與客體的普通關係，包括其他人，這種關係牽涉到以下特徵，如映象、相似、對抗、符合、同一等諸如此類，這種關係也不可避免包含一定程度的幻覺與錯誤反映。象徵界是語言、親族、社會角色與規定的領域，我們透過這個領域來配置身分。現實界嚴格來說是不可反映的，它代表了與母親分離的創傷以及對父親律法的順從，我們透過這個過程取得個人的自我——一種最原初的傷害，由此產生了缺乏與損失的過程，我們稱這個過程為欲望，而這個過程也被視為開啟了潛意識與釋放了死亡驅力。

意義的超驗領域，絕對者的神祕化身使安蒂岡妮站在象徵界的極端邊緣上，無法順從象徵界的律法。由於死亡也潛藏在這個邊界上，因此不令人意外地，死亡與安蒂岡妮將會發現雙方的關係是如此親密。[61]

斯拉沃熱・齊澤克贊同拉岡的解讀，他主張安蒂岡妮代表「對他者事物的一種無條件的忠誠，因此瓦解了整個社會結構」。[62]齊澤克評論克瑞翁（Creon）與安蒂岡妮的對峙時提到，「兩人之間沒有對話，（安蒂岡妮）完全未提出合理的論點來說服克瑞翁相信她是基於充分的理由來做這件事，她只是盲目地堅持自己的權利」。[63]我們被要求去讚揚一個不訴諸理性、輕視人類社會、沉迷於死亡觀念而傲慢地認定自己絕對沒錯而不做任何讓步、居高臨下地蔑視居於少數但可信的審慎美德卻又摸不清自己內心動機的人

61 關於拉岡解讀安蒂岡妮的描述，見 David Farrell Krell, *The Tragic Absolute* (Bloomington, IN, 2005), ch. 11.

62 Slavoj Žižek, *Did Somebody Say Totalitarianism?* (London and New York, 2001), p. 157. 針對齊澤克的安蒂岡妮觀點提出的批判，見 Yannis Stavrakakis, *The Lacanian Left* (Edinburgh, 2007), pp. 114-34. 針對《安蒂岡妮》發表的一連串具啟發性的論文，見 S.E. Wilmer and Audrone Zukauskaite (eds), *Interrogating Antigone in Postmodern Philosophy and Criticism* (Oxford, 2010).

63 Žižek, *Did Somebody Say Totalitarianism?*, p. 158.

物。她違抗克瑞翁的行為是純粹的反對與反叛，是一起破壞社會秩序基礎的「不可思議的」事件。若真是如此，我們無法理解為什麼劇作將她呈現成服從傳統義務與諸神意旨的人物。

值得注意的是，這個理想化的人物與我們先前提到的對悲劇的菁英式精神解讀完全一致，有時還令人尷尬地與尚．阿努伊（Jean Anouihl）改編的《安蒂岡妮》未臻成熟的偽存在主義版本接近。拉岡對安蒂岡妮的詮釋接續了這個保守傳統，但同時間又做出非常劇烈的扭曲。拉岡故作高尚地蔑視日常生活，這是法國左派思想的典型特徵，此外他也強調某些純粹的行為、遠大的真實、堅定的拒絕、毫無必要的姿態、淨化的暴力、絕對的反叛或對於傳統原初的狂熱崇拜。厭惡審慎、等價與算計的魯莽貴族，顯然要比小資產階級的帳房心態更合拉岡的心意。純粹的反叛行為帶有的美學風采要比日常的同情行為更為重要。在比布爾什維克（Bolshevik）更為放蕩不羈的持續反叛政治運作下，瘋狂、暴力、邪惡與駭人聽聞顛覆了郊區社會枯燥乏味的正統觀念。

但是，並非所有的正統觀念都是壞的，也不是所有的顛覆都是革命的。

社會正統觀念一般來說包括了保護少數族裔不受虐待以及工人有拒絕勞動的權利。在《視差觀點》（*The Parallax View*）中，斯拉沃熱．齊澤克採取齊克果的菁英觀點，對日常的倫理觀念與傳統原初的宗教觀點進行區分。[64]但是，基督教福音書的醜聞在於，從最根本上來說，上帝不會出現在崇拜、儀式或內在經驗中，而是展現在探望病人與餵養飢民的行為上。被悲劇理論高傲地予以詆毀的普通生活觀念，其實是基督教創造的，這種觀念就某方面來說是一種反宗教形式。[65]所謂倫理其實就是宗教信仰如何在日常生活實踐的問題。然而，對於認為這個觀點有些陳腐的人來說，倫理這個領域是為這個世界上的精神平民準備的，至於內在生活的貴族則超越了善惡的領域。

如果永恆的反叛者遊蕩於象徵界的邊緣，而他們的內心對象徵界完全只有輕視，那麼恐怖分子也是如此。安蒂岡妮對不公義的權威提出挑戰也許是一種「駭人聽聞」的行為，至少從社會常規的觀點來說是如此，但相較之下，打爆孩子的頭應該更確切地符合這個描述。像克瑞翁這種頑固的大家長很容

64 見 Slavoj Žižek, *The Parallax View* (Cambridge, MA, 2006), pp. 104-5.

65 See Charles Taylor, *The Sources of the Self* (Cambridge, 1989), p. 213.

易成為安蒂岡妮這類人的目標，但這種反對一切的人發現自己反對的是社會主義—女性主義秩序時會如何？他們的支持者是否還會急切地讚揚自己的反對行為？反對者與政治秩序的對立純粹是形式性的。它模糊了什麼形式的反叛才是最關鍵的，以及對抗的是什麼類型的至高無上的權威。有些權威形式非常珍貴，而有些異議行動則顯得幼稚無知。

這種版本的安蒂岡妮提供的其實是一種左派菁英主義形式。某方面來說，這是史坦納學說的一種激進版本，就連悲劇之死的問題也是如此。齊澤克引用黑格爾的名言「僕從眼中無英雄」來抱怨到了現代，「所有尊貴的高尚立場都降格成微不足道的動機」。[66]現代性削弱了追求崇高的能力。對齊澤克來說，一如尼采在《不合時宜的考察》（*Untimely Meditations*）的看法，我們注定存在於一個沒有英雄的世界，而這樣的前景卻讓貝托爾特・布萊希特衷心感到高興。齊澤克所謂的倫理暴力——由於道德觀點彼此沒有公約數，使得人們必須彼此競爭，而非努力尋求同意，因而形成倫理暴力的狀

66 Žižek, *The Parallax View*, p. 400.

況——已經逐漸被可鄙的共識主義取代。從尼采的觀點來說，生命本身就是權力意志，充滿著你爭我奪。我們因此必須打破我們的哈伯瑪斯主義（或阿波羅）理性幻覺，並且鼓起我們需要的精神活力來直視現實界（或狄俄倪索斯）。[67]

但是，極端與普通生活之間並非如保守的悲劇觀念（包括拉岡的悲劇觀）說的那樣總是存在著衝突。華特．班雅明表示，所有的事物運行如常，這種現象本身就是一個危機。[68] 喬治．艾略特（George Eliot）在《米德爾馬契》（*Middlemarch*）裡提到，「悲劇的元素就在於頻率」，意思是說平靜的絕望狀態在我們眼裡總是持續不斷地發生，以至於越來越無法引起我們的注意。在艾略特身處的社會裡，所謂的沉默的絕望狀態指的就是女性經驗。艾略特說：「如果我們對於人類的日常生活有著敏銳的願景與感受，那將有如聽見草木生長與松鼠的心跳，我們將會因為沉默彼岸的巨響而死。事實上，

67 齊澤克在一篇論文中提出這個觀點，'A Plea for Ethical Violence' in the online journal *The Bible and Critical Theory*, vol. 1, no. 1 (Monash University Epress).

68 見 Rolf Tiedemann and Hermann Schweppenhauser (eds), *Walter Benjamin: Gesammelte Schriften* (Frankfurt am Main, 1966), vol. 1, p. 583.

我們當中走得最快的，會用愚蠢牢牢地塞住自己的耳朵。」這種將自己與痛苦完全隔絕開來的做法，顯然與一些傳統悲劇理論家一模一樣。

第二章

亂倫與算術

《伊底帕斯王》（*Oedipus Tyrannus*）存在著與算術有關的弦外之音，這是長久以來一直能明顯看出的事實。[1]伊底帕斯的父親拉伊俄斯（Laius）在三條道路交會處被殺；與伊底帕斯鬥智落敗的斯芬克斯（Sphinx）是不同生物的混合體；斯芬克斯用來嚇唬當地人的謎語，不僅與數字有關，也將人類存在的三個階段融合成一個問題。《伊底帕斯王》有一個著名的待解難題，那就是拉伊俄斯是被一個人還是被數個人殺害。[2]如果殺人者有數人，那麼就不能說伊底帕斯犯下弒父的罪行；但是，無論我們是否做了任何事，或者我們永遠無法確知自己做了任何事，我們仍可能有罪。如莫里斯·梅洛－龐蒂（Maurice Merleau-Ponty）的評論，他說：「整個希臘悲劇認為這種純屬偶然的觀念使我們既有罪又無辜，因為我們不知道自己在做什麼。」[3]

1 這個議題經過徹底而具典範性的檢視，Charles Segal, *Tragedy and Civilisation* (Cambridge, MA and London, 1981), ch. 7. 針對一般謎語進行的具啟發性的哲學討論，見 Stephen Mulhall, *The Great Riddle: Wittgenstein and Nonsense, Theology and Philosophy* (Oxford, 2015), Lecture Two.

2 不過有些學者認為這裡並沒有難題，他們認為生還的目擊者謊稱自己看到獨自下手的殺人犯當上了國王。

3 Maurice Merleau-Ponty, *Humanism and Terror* (Boston, MA, 1969), p. 183.

伊底帕斯暴躁地強調，一就是一，一不會大於一，然而事實上伊底帕斯自己正是一大於一。伊底帕斯既是兒子，又是丈夫；既是父親，又是兄弟；既是罪犯，又是立法者；既是國王，又是乞丐；既是本地人，又是外地人；既是毒藥，又是解藥；既是人類，又是怪獸；既有罪，又無辜；既眼盲，又洞察；既神聖，又受詛咒；心思敏捷，卻腳步緩慢；既能解謎，又無法參透奧祕。[4] 伊底帕斯總是善於視自己為無物。如一名批評家所言，伊底帕斯展現出「自我算術上的不穩定」。[5] 我們永遠無法確定，一究竟是多少。計數不像表面上看起來那麼單純直接，殺死拉伊俄斯的人究竟有幾個一直無法得出一致的結論就是明顯的例證。所有的男男女女都是無數祖先的後裔，這些祖先就像許多纖細的絲線交織在一起，使他們成為難以閱讀的文本。無論如何，從索福克勒斯的戲劇可以明顯看出，與後現代主義的看法相反，並非所有的複數都是良性的，並非所有的混和都是善意的，並非所有對身分的堅持

---

4 見 Jean-Pierre Vernant, 'Ambiguity and Reversal: On the Enigmatic Structure of Oedipus Rex', in E. Segal (ed.), *Oxford Readings in Greek Tragedy* (Oxford, 1983).

5 Froma Zeitlin, 'Thebes: Theater of Self and Society in Athenian Drama', in Euben (ed.), *Greek Tragedy and Political Theory*, p. 111.

都能有所啟發。

伊底帕斯雖然大於一，但他的數量並不會比任何人多，因為所有的個人，如果我們僅從人既是主體又是客體來思考，都必然不完全與自我等同。此外，在象徵界占據一個位置，等於同時扮演一整串角色（母親、姨嬸、堂表姊妹、姊妹等等），就跟《仲夏夜之夢》（*A Midsummer Night's Dream*）裡自以為是的波頓（Bottom）想做的事一樣。無論如何，成為自己或多或少都帶有一點表演性質。《伊底帕斯王》與其他作品也許是與角色扮演有關的劇作，但作為一齣劇場作品，《伊底帕斯王》也是雙重角色的具體實例，它顯示的自我不穩定及其他原因說明了柏拉圖為什麼在《理想國》（*Republic*）中對戲劇表演的態度如此冷淡。戲劇的雙重性在於它在某種意義上將城邦反映回城邦本身，我們曾經提到，這種做法不僅挑戰了自身的同一性，也肯定了自身的同一性。如果觀眾能用疏離的眼光看待自己，讓自己擺脫以往對自我的理解，觀眾將可吸收這種危險的知識，並且逐漸接受它。

跟其他人一樣，伊底帕斯對自己的看法及其他人對他的看法，兩者之間是分裂的。以他是亂倫的弒父者來看待他，顯然與他自己看待自己是不同的，而伊底帕斯無意間說出模稜兩可的言語——就跟任何人說話一樣——其真實意義主要是從他者的觀點（語言、親族與社會關係構成的整個領域）來決定，而非由他自己意識中的意圖來決定。自我的真實與主體的真實不相吻合。某個外來的事物在這具因為能自我決定而沾沾自喜的身軀中行動與說話，並且持續在他的話語中以謎語般的弦外之音出現，事實上，這個事物甚至潛藏在他的名字裡，瓦解他的想像認同，最後驅使他步入死亡。

伊底帕斯如何說話與他如何被說，兩者之間的差異顯示人性本身是諷刺的化身。其諷刺之處在於，最初建立意識主體的事物——他者或社會潛意識——注定會規避主體對它的認識，因為沒有任何觀點可以整體地掌握它，他者的他者並不存在。無論如何，自我藉由遺忘自身的形成而得以存在，因此自我雖屬於人們認同的一部分，但人們永遠不可能與自我的認同完全同一。從精神分析的角度來說，一個人永遠不可能只是一個人，因為主體一開始要存在必須經過一段原始的分裂過程。當伊底帕斯終於遇見真實的自我時，他會覺得眼前的真實自我彷彿陌生人。當他面對自己真正是誰時，也就是他完全忘卻自己的時候。認識的危機也是盲目的時刻。知識照亮一切，但耀眼的光芒會讓你看不清。當真實被揭露的時候，我們將得知無知與受騙的事實。

身為統治者，伊底帕斯已經是許多人的綜合體，他一肩扛起整個社群的責任。伊底帕斯對祭司說：「我的心不只是承擔我自己的重量，也承擔你及所有人民的悲傷。」在獨特的亂倫算術中，每個人也是幾個人的綜合體。亂倫禁忌認為二合一是行不通的，但性欲拒絕接受這樣的非難。[6]在一般的性生殖中，一加一等於一，我們把多重結果的例子放到一邊，就以這個性生殖行為的公式來說，女性伴侶合併擁有四個角色，她是丈夫的妻子，也是丈夫

6 我們很容易察覺亂倫主題如此頻繁地出現在悲劇中——原因雖然很多，但無疑與純粹的聳人聽聞有關。以下以亂倫為主題的作品並非完整書目，這類作品有 Euripides' *Hippolytus*, Shakespeare's *Richard III*, *Hamlet*, *Cymbeline* and *Pericles*, Lope de Vega's *Punishment without Revenge*, John Ford's *'Tis Pity She's a Whore*, Thomas Middleton's *Women Beware Women* and The *Revenger's Tragedy*, Cyril Tourneur's *The Atheist's Tragedy*, Thomas Otway's *The Orphans*, John Dryden's *Aureng-Zebe*, Jean Racine's *Phèdre*, Vittorio Alfieri's *Mirra*, Schiller's *Don Carlos*, Shelley's *The Cenci*, Byron's *Cain*, Ibsen's *Ghosts*, Eugene O'Neill's *Desire Under the Elms* and *Mourning Becomes Electra*, and Arthur Miller's *A View from the Bridge*. 有些作品帶有亂倫的暗示或差一點發生亂倫，如 Ford's *The Broken Heart*, John Webster's *The Duchess of Malfi* and Gotthold Lessing's *Nathan the Wise*. Richard McCabe 提到他所謂的亂倫主題「無所不在令人吃驚」，見他的 *Incest, Drama, and Nature's Law* (Oxford, 1993), p. 4。

的母親，她是他們的孩子的母親，也是他們的孩子的祖母；男性伴侶也一樣，他是這名女性的兒子，也是這名女性的丈夫，他是他們的孩子的父親，也是他們的孩子的兄弟；而孩子是女兒、姊妹與孫女？亂倫因此是個特別引人注目的諷刺例子，一件事物既是自身又是他物，各樣的諷刺遍布索福克勒斯大作各處。

然而我們已經看到，一件事物既是自身又是他物——例如，一個女人同時是母親、堂表姊妹、姑姨與女兒——乃是象徵界的構成特徵；所以無論亂倫的問題是什麼，它都不可能是純粹多樣性的問題。越界已經是司空見慣。柔卡絲塔（Jocasta）為了緩解這個惡劣的局面，便說許多男人都曾在夢中跟自己的母親上床。此外，為了讓親屬系統有效運作，亂倫的可能必定永遠存在。如果角色必須靈活到足以相互結合，那麼不正當的排列組合有時就是會發生。從這點來看，逾越常軌其實也是常軌的一種樣態——就像伊底帕斯一開始也帶著受傷的腳，文明社會也誕生於暴力的起源。最初，欲望產生了象徵界，但欲望總是不會乖乖待在適當的位置上。

怪物傳統上是一種生物，就像斯芬克斯一樣，牠抹滅區別、竄改差異而且混合原本應該各自明確的特徵。理查德・麥卡比（Richard McCabe）表示亂倫隱含「認同的喪失或不確定」，「傳統親屬詞彙的混淆導致倒退到巴別塔（Babel）時代，明確的價值因此變得模糊不清」。[7]羅蘭・巴特形容亂倫是「意想不到的字彙」，這是出自現代的一句經典低估。[8]怪物是一種無法對「那是什麼？」的問題回覆明確答案的事物，如同人類自己也無法回覆一樣。從這個意義來說，伊底帕斯與斯芬克斯是鏡像，也是對立者。如果「人類」是斯芬克斯謎語的答案，那麼身為人類發言者的伊底帕斯便承認了人類是醜怪的雜種，因此與斯芬克斯是類似的，而就在此刻，伊底帕斯心智的機敏也顯示自己優於斯芬克斯。

伊底帕斯自己就是謎語的答案，正如他自己就是他正在追捕的歹徒。這種自我指涉的處境帶有某種溫和的喜劇成分，暗示著毫無意義地追逐自己的尾巴。它反映較為陰暗的亂倫喜劇，而且可以作為還不錯的玩笑主題。正如艾瑞絲・梅鐸（Iris Murdoch）《斷頭》（*A Severed Head*）裡的人物所言，這

7 McCabe, *Incest, Drama, and Nature's Law*, p. 70.

8 Roland Barthes, *Sade, Fourier, Loyola* (London, 1977), p. 137.

類玩笑無疑是對撼動心靈深處的性欲模式的一種防禦。但亂倫關係也顯示某種不協調，而這正構成幽默的主要成分。伊底帕斯評論自己面臨道德敗壞的處境——「是新郎又是兒子」、「兄弟與兒子的父親」、「從我出生之處生子」——他的話充滿驚悚的機鋒。這種黑色喜劇的調性也出現在美國諷刺作家湯姆．雷勒（Tom Lehrer）創作的關於索福克勒斯主人翁的歌裡：「沒有人像他一樣愛自己的母親，／他的女兒是他的姊妹而他的兒子是他的兄弟。」斯芬克斯的謎語其實很類似我們在耶誕拉炮裡發現的笑話。亂倫是一種極度精簡的形式，被一部本身就足以稱為精簡的奇蹟之作的劇作描繪出來，以笑話的角度來說，這類精簡的形式可以省卻我們的心力，讓我們毫不費力地放聲大笑。

怪物與亂倫都意謂著類別的混淆。然而，如果象徵界裡的事物無論如何都混合了各種事物，那麼為什麼只有亂倫被挑出來成為令人憎惡的事物？其中一個原因在於亂倫對城邦構成威脅。在沒有異族通婚關係的狀況下，性愛，城市的建造者，將一直深鎖於家庭領域之內。如弗蘭科．莫瑞提（Franco Moretti）所言：「亂倫是一種欲望形式，它使鞏固與維持財富網絡的婚姻交換——在權力依然與具體的人連結的社會裡——無法持續。」[9]亂倫是一種反社會的熱情，它讓欲望與安頓下來的社會形式分離，因此使象徵界面臨由內崩解的危險，連帶地也使象徵界維繫的整個意義世界出現危機。亂倫任意竄改意義，它是一種無意義或荒誕的物種，因此更像是一種謎語。

所以，人必須在婚床上遭遇外來者，如果他跟伊底帕斯一樣，沒有在婚床上遭遇外來者，那麼最後他將成為自己的外來者。亂倫禁忌的部分意義在於讓你從想像的領域——亦即同一、相似與相互反映的關係——往外走向他者的領域。家庭是情感親密的地方，與政治國家不同；但家庭必然也有助於維持國家（舉例來說，家庭是生產勞動力的地方），因此家庭無法讓你擺脫國家。想像界不能凌駕於象徵界之上。古希臘人清楚地區分家庭感情或對親屬的愛，以及對外人或非親屬之人的情欲依戀。亂倫破壞的正是這種對立關係。而這也顯示以下的事實，用艾瑞克·桑特納（Eric Santner）的話說，性欲「本質上就是違常的，本質上就是會超越它的目的功能（在作為經濟單位

9 Franco Moretti, *Signs Taken as Wonders* (London, 1983), p. 74.

的家庭中進行生殖）」。[10]如果性欲本身是違常的，那麼作為性欲適當形象的，應該是亂倫而非家庭單位。

與《伊底帕斯王》一樣，《奧瑞斯提亞》與《安蒂岡妮》也涉及家庭與政治領域之間的爭端。如果《安蒂岡妮》開啟了家庭與國家的對立，那麼《伊底帕斯王》也是一樣，只是沒那麼露骨。安蒂岡妮的名字暗示她對性生殖秩序的反對，亂倫也是如此。亂倫破壞性生殖秩序，不僅因為亂倫會產生殘缺的後代（畸形的斯芬克斯本身就是亂倫的產物），或因為意識到這點可能會完全阻礙性生殖，而是因為亂倫會藉由戲仿一般正常傳承的方式在世代間傳承下去。如果安蒂岡妮生下孩子，她的孩子會擁有一個是外祖父的舅舅。甚至可能出現雙重亂倫，例如在湯瑪斯·曼（Thomas Mann）的小說《神聖罪人》（*The Holy Sinner*）中，亂倫生下的孩子又娶了自己的母親。為了阻止人把不幸傳遞給人，因此必須切斷這條致命的血脈傳承。

亂倫，至少就親子間的不正當關係來說，也可能因為抹滅不同的世代而破壞歷史。亂倫是一種虛假的等式，把父母與子女放在相同的地位上。斯芬

10 Eric L. Santner, *The Weight of All Flesh* (Oxford, 2016), p. 49.

克斯的謎語也融合了特定的幾個世代，把幼年、成年與老年串連在一起。解出謎語的伊底帕斯自己就是謎語的例證，他同時是他的妻子的孩子、他的妻子的丈夫及老人（父親）。這種對敘事的敵意說明亂倫的伴侶——如約翰·福特（John Ford）《可惜她是個娼婦》（*'Tis Pity She's a Whore*）中的喬望尼（Giovanni）與安娜貝拉（Anabella）——為什麼擁有自己專屬的永恆領域，而無視於世系與生殖。《咆哮山莊》（*Wuthering Heights*）中也許是兄妹的希斯克里夫（Heathcliff）與凱瑟琳（Catherine），兩人之間強烈的親近感也是如此。否認時間性也就是否認死亡，如同莎士比亞筆下安東尼（Antony）與克麗奧佩脫拉（Cleopatra）的愛情關係。對男性而言，他與母體分離的那一刻預示了死亡；但他可以藉由緊緊抓住母親的肉體拒絕分離來避免死亡。然而這種切斷也開啟了差異，由此產生語言與寫作，與亂倫有關的文學作品見證了這點，它顯示我們被逐出幸福花園的事實總是已經發生。時間、敘事與欲望取決於這個災難而愉悅的墮落事件（傳統上稱為「美好的過失」〔*felix culpa*〕），也就是在我們離開母體並且以這種幸福感來交換未知的自主的那一刻。唯有壓抑這種原始的創傷，才有可能為自己開創歷史。然而，即使在這個時候，與母體分離的傷害仍未能完全去除，就像伊底帕斯永遠無法停止跛行一樣。受傷的腳，象徵他被強行與大地／母親分離的地方，永遠無法復原。

伊底帕斯是僭主（tyrannus），也就是說他不是透過世襲取得王位——不過非常諷刺的是，伊底帕斯身為拉伊俄斯的兒子，確實是具有正當性的繼承人。他在發現自己犯罪的同時，也發現自己的正當性。然而，國王應該是外邦人，是從科林斯（Corinth）突然到訪此地的人，是底比斯（Thebes）的兒子，他認為自己是底比斯這座城市的外來者，這些安排看起來都恰如其分，因為這座城市的統治者被賦予的權威使他能超越社會秩序之上，因此就某種意義來說他確實外在於這座城市。從這點來看，他也像被逐出人類社群的乞丐或歹徒。國王隻身一人代表了廣大群眾，他的身分既是一個人又是許多人，這使得他類似於怪物。怪物與君王都是古怪的生物。在人類的算術中，男人與女人比野獸多，卻比諸神少。問題出在人類是兩者的矛盾混合，而非處於兩者之間某個明確的中間位置；那些亂倫的人也是如此。神、人與怪物有可能結合成一體，一個不神聖的三位一體，而伊底帕斯自己最終成了實際的例證。

儘管伊底帕斯不是透過線性繼承而成為君王，但他的生涯其實也不合乎線性邏輯。在整齣劇裡，伊底帕斯不是往前而是往後移動，過去不僅入侵現在，而且混淆未來。人可能因過去而變得蹣跚難行——實際上有著腫脹的腳的國王也是如此。如果文學情節仰賴時間的連續，那麼亂倫則可能讓這一切毀於一旦，即使在這齣劇裡，亂倫構成世界文學最優美的一個情節主題。如果亂倫否認進展與生殖，那麼死亡本能也是如此，這是亂倫與死亡本能連結在一起的方式。從《伊底帕斯王》到《臨橋望景》（*A View from the Bridge*），亂倫的欲望使男人與女人走向毀滅。這是一頭潛伏在象徵界核心的怪物，牠就像斯芬克斯一樣，混淆了所有仔細釐清的區別，末了還帶來死亡與破壞。如果這頭粗暴的野獸潛伏在社會秩序的邊緣地帶，那麼死亡也是，死亡也夷平區別並且將這些區別的獨斷本質赤裸裸地呈現出來。從亂倫對差異的抹除及對淫穢的享用來看，亂倫帶有某種現實界或狄俄倪索斯的色彩。這裡所說的享用來自能獲取最不可能取得的客體，也就是母親的身體。

如果我們的阿波羅（Apollonian）幻覺要獲得保留，我們的敘事要獲得敘述，我們的象徵虛構——包括戲劇本身——要順利發揮功能，那麼這種過於私密的事物就必須加以遏止。人唯有透過救贖的盲目，才能對本體的、不潔的創傷事物視而不見，從而維持自身的同一，然而這些創傷卻是一個人存在的核心。

亂倫的知識是不自然的知識，但在某種意義上，知識無論如何都是不自然的。

知識意謂著置身於我們所屬的自然之外，透過客觀化的眼睛來注視自然。知識想參透世界的內在本質，這種企圖傳統上來說關連著犯罪。由於傳統把自然視為人類的母親，探究自然的私密處因此是一種亂倫行為。尼采在《悲劇的誕生》（*The Birth of Tragedy*）中主張，唯有藉由不自然的行動，才能迫使自然說出祕密。尼采宣稱，智慧是對自然犯下的罪行，他因此歡欣鼓舞地將知識等同於強姦。或者，如佛洛伊德日後說的，「沒有犯罪，就沒有建樹」。[11]

人類要不是過於與世界疏離，就是過於與世界親近——人類要不是像國

11 轉引自 Iain Topliss, 'Oedipus/Freud and the Psychoanalytic Narrative', in T. Collits (ed.), *Agamemnon's Mask: Greek Tragedy and Beyond* (New Delhi, 2007), p. 103.

王、歹徒或奧林帕斯諸神（Olympian）立足於世界之外，就是過度深陷於世界的困境，無法看清世界的形貌。在索福克勒斯的劇作中隱含著一個知識論問題：要與客體維持多遠的距離，才能獲得客體的真實知識？而在談到認識自己時，就成了特殊問題。亂倫固然不自然，但自我的認識也是，儘管沒那麼聳人聽聞。伊底帕斯追求的正是自我的認識，但要獲致自我的認識，就像要求一個人既要成為一名女子的兒子，又要成為這名女子的丈夫一樣不自然。一個人如何既是探索的主體，又是探索的客體，就像伊底帕斯既是犯罪的追查者，又是犯罪者本身？這豈不就像試圖跳上自己的影子，或者抓著鞋帶把自己拉上來？認識自己就是自我的同一，但也把自己一分為二，把自己變成客體，然後在認識自己的過程中暗自否認自己的主體性。與亂倫一樣，這是個二合一的問題。此外，如果自我因為認識自我的行為而改變，那麼我們要如何追上自我？

為了對抗這種自我分裂，我們可以編織一個自主的夢——虛構某種全然的自我呈現或絕對的自我創作，使自己完全掌控自己的起源。畢竟一個人的誕生正是命運的典型範例——不僅因為我們無法選擇出生，無法選擇自己的身體，也因為出生影響我們往後的存在。亂倫與弒父的雙重行為試圖抹除的正是這種仰賴，藉由殺死自己的父親與將母親變成自己的妻子來處置自己的祖先。如此一來，我們就成了白手起家之人，就跟僭主一樣，不需要皇室血統來正當化自己的統治，而是靠自己的才能取得王位。然而，要如何白手起家又能不成為一頭怪物？在上古時代，怪物可能意謂著一種毫無親族的生物，或者是某種外形十分醜怪的野獸，因此伊底帕斯是怪物，這種說法至少有兩個意義。完全的自我決定，因此與自己有著太熟悉的關係，這意謂著否認自我賴以建構的親族與社會關係網絡；而這也意謂著自己將成為自己的陌生人。伊底帕斯的欲望就像莎士比亞筆下的科里歐雷納斯（Coriolanus），他的行為「彷彿他是自己的創造者，不知道任何親族」（第五幕第三場）。

亂倫也是陌生與親密交互作用的結果。太接近自身存在的源頭，將使自己成為自身的謎團，因為男人與女人是藉由彼此的關係來界定自己，而關係需要距離。差異與同一、他者與親緣性，兩者間的界線將變得模糊。亂倫的兒子再次進入母親的子宮內，消失在自己的根源之中，最終丟失了自我。然而亂倫也反映我們的日常狀況。在彼此糾結的人類行動中，要將混雜的人類行為一一釐清是不可能的，我們是陌生人也是夥伴，總在不經意間與外來者結成盟友。交叉路口的陌生人不一定是外來者。即使我們做過的最私密的行動，也源自於匿名的他者，因此（舉例來說）表白自己的愛也意謂著說出不屬於任何人的話語，這些話語先前早已有無數人使用而顯得有些陳舊。人類行動的根源是多樣而難以探究的。「這個行為是不是我的？」這個問題並不像「這個疼痛是不是我的？」那樣愚蠢。要判斷起因的結束與開始並不容易。我們最微不足道的行為可能造成重大的結果，而我們無力控制。埃里希・奧爾巴赫（Erich Auerbach）正確地理解到，基督教的原罪教義是「遺傳、歷史處境、個人性情與我們自身行為造成的結果糾結而成的，我們深陷其中無法擺脫」。[12]正因如此，幻想進行自我形塑的伊底帕斯不得不付出代價。事實上，這個幻想是如此難以平息，導致伊底帕斯必須面對人類彼此依存的可怕戲仿，並且以亂倫的形式讓他清楚地看到真相。

最後，最重要的算術計算不是知道一不只是一，而是零不只是零。唯有

12 轉引自 Geoffrey Green, *Literary Criticism and the Structure of History* (Lincoln, NE and London, 1982), p. 79.

當伊底帕斯什麼都不是的時候，他才會成為某種事物——如創造論認為的，事物的有與無才是最根本的差異。伊底帕斯在《伊底帕斯在克羅諾斯》中問道：「是否在我停止為人之時，我才成為人？」李爾曾提醒寇蒂莉亞（Cordelia），無不能生有不是事實。這部劇作也隱含算術的弦外之音，在較多、較少、有點、過多、全部與無之間做出各種變化。伊底帕斯最後成了一個無足輕重之人，一個跟乞丐一樣的自我放逐者；然而，唯有當他眼盲之時，他才掌握了真實，唯有當他不再是人時，他才成為真正的人，唯有當他困頓之時，他才獲得提升。在變得比之前的自我更少之時，伊底帕斯才成功地變得更多。事實上，在《伊底帕斯在克羅諾斯》的末尾，伊底帕斯出現了不可思議的變身，不只是變成某種事物，而是成為一切——但其意義迥異於全能的最高統治者，此時的伊底帕斯已然卸下這個角色。從這個意義來說，索福克勒斯的主人翁最終超越了一切計算，事實上《伊底帕斯王》也是如此。我們曾經提過，在這部劇作的核心仍存在著一個跟數字有關的謎——有幾名盜匪殺死了拉伊俄斯？——這個謎依然無解。這部優美精練的藝術作品，其核心內容仍包含了不規則或不確定性，人性也是如此。

第三章

悲劇的過渡

所有的歷史時期都是過渡時期，一方面運用過去，另一方面展望未來。雷蒙德．威廉斯在《馬克思主義與文學》（*Marxism and Literature*）中提到，所有社會都由殘餘、支配與新興三者構成；[1]但我們必須以動態的方式掌握這個模式，因為支配可能即將變成殘餘，而新興可能即將上升，新事物可能概括舊事物。然而，有些時代對於這種變遷的感受比以往更為強烈——當一個時代實際感受到自己正處於發展途中，一方面被過去形塑，另一方面又被即將到來的事物驅動，它被前後兩個世代的潮流影響拉扯，既焦慮又興奮地察覺到自身的經驗充滿各種可能性。有些時代，例如十八世紀晚期或二十世紀初期，人們可以感受到腳底的地面正在移動，大地搖晃時的各種轟隆聲，宣示著某種末日的可怕怪獸即將到來。

有一種熟悉的主張認為這種轉折時期都是出現重大悲劇的時期。當然，各種形式的悲劇一直都在發生。然而，當悲劇以史詩等級的規模發生時，通常都是一種生活方式與另一種生活方式發生衝突的時候，或者是傳統世界觀

1 見 Raymond Williams, *Marxism and Literature* (Oxford, 1977), pp. 121-7.

仍保有一定程度的權威，卻遭遇另一股它無法輕易接納的力量反抗。當前的時代與過去的時代陷入鬥爭，過去的時代雖然瀕臨死亡卻無法被驅散。這不只是古老的文明崩解而已，而是古老的文明在消逝過程中變得更顯而易見，如尚・拉辛（Jean Racine）所言，他說上帝缺席時最能讓人感受到祂令人難以忍受的負擔。阿爾貝・卡繆表示：「悲劇每次在西方誕生時，文明的擺錘總是擺盪到了中途，剛好位於神聖的社會與建立在人性之上的社會之間。」[2]

克勞迪奧・馬格里斯（Claudio Magris）寫道，《唐吉訶德》（*Don Quixote*）「是一部除魅的史詩，至少從一開始，它以明晰的散文作為新媒介，保留了史詩詩歌的深刻回音」。[3] 事實上，人們也許會認為小說一般來說是一種過渡形式，它重新使用神聖、神祕、浪漫或超自然的題材來表現世俗目的。寓言或民間故事成了徹頭徹尾的現實敘事。不過小說與所處的歷史時刻相處融洽，它不像某些悲劇那樣強烈感受到前現代世界的往後拉扯。格奧爾

2 Albert Camus, *Selected Essays and Notebooks* (Harmondsworth, 1970), p. 199.

3 Claudio Magris, 'A Cryptogram of its Age', *New Left Review* no. 95 (September/October, 2015), p. 96.

格·盧卡奇（Georg Lukács）在《小說理論》（*Theory of the Novel*）中表示，在小說這個文類，內在意義的觀念逐漸瓦解，人們開始在毫無價值的事物中尋求，從而形成較不神聖的日常存在意義。然而，當人們這麼做的時候卻產生更大的確信，認為基於一切實際目的，完全可以拋棄神話或超自然，只有當作者覺得需要某種近似魔術的手法來處理無法以現實角度解決的問題時，才會突然使用神話或超自然的素材。如果小說是過渡形式，那麼主要不是因為小說在面向未來時還需要背負過去的重擔，而是因為小說是現代性的產物，本身總是不斷處於變遷。

許多悲劇藝術中的男性與女性努力形塑自己的未來，卻發現自己受到殘餘的古老制度的阻礙。希臘悲劇建立的時代，剛好是社會與政治動盪不安的時期，不同的貴族派系彼此殘殺，民眾對統治階級的憎恨與日俱增，受民眾擁戴的僭主興起。這一切最終產生了一個較為公開、非個人，以及參與式的政治模式，並且在一個比較不是以親族與風俗為根據、而是更多的以共同規約為基礎的社群中出現。[4]查爾斯・西格爾（Charles Segal）認為《伊底帕斯王》是西元前五世紀雅典啟蒙運動的文獻，顯示從神話與象徵轉變成較為抽象與論述性的思想。[5]布萊爾・霍克斯比（Blair Hoxby）認為，如果希臘悲劇是如此短暫的文化形成，那是因為「希臘悲劇只能繁榮於文化過渡時期，在這段時期，宗教的思想習慣正在衰退，但依然擁有一定力量，法律的責任概念正在盛行，但並非完全不受質疑」。[6]尚—皮埃爾・韋爾南與皮埃爾・維達爾—納給指出，悲劇的英雄一般出自較早期的神話時代，但現在卻遭到疏遠而且受到批判性的評價。[7]因此，英雄遭遇了合唱隊，合唱隊是城邦的一般成員，他們代表民眾而非神話領域，合唱隊在與傳說人物不同的向度上

---

4 見 Pirro, *Hannah Arendt and the Politics of Tragedy*, pp. 176-7, and M.I. Finley, *Politics in the Ancient World* (Cambridge, 1983).

5 見Charles Segal, *Oedipus Tyrannus: Tragic Heroism and the Limits of Knowledge* (New York and Oxford, 2001). 然而，古典學者對於索福克勒斯在多大程度上是一名理性主義者有不同的看法。見 Peter J. Ahronsdorf, *Greek Tragedy and Political Philosophy* (Cambridge, 2009), ch. 1. 也可見 Christopher Rocco, *Tragedy and Enlightenment* (Berkeley, CA, 1997) and Bernard A. Knox, *Oedipus at Thebes* (New Haven, CT and London, 1998)

6 Hoxby, *What Was Tragedy?*, p. 38.

7 Vernant and Vidal-Naquet, *Myth and Tragedy in Ancient Greece*, p. 184.

移動，並且與傳說人物產生對話。

因此，悲劇的開端是從以城邦的觀點審視神話時開始的，不過，在雙向過程中，這類神話也凸顯出理性檢視神話的局限。英雄與宗教的價值逐漸屈從於城邦的法律、倫理與政治判斷之下，因為城邦必須打破神話的過去，才能為城邦建立權威基礎。無論狄俄倪索斯的戲劇仍受神話過去的影響多深，從上述意義來說，悲劇都算是一個創新事物。在《德國悲劇的起源》中，華特・班雅明認為希臘悲劇是一種神話，至於他在書中討論的德國悲劇則是一種歷史問題；但班雅明也指出，希臘悲劇作家修改他們的神話內容，使上古時代的英雄事件與作家當時的議題產生連繫。因此，對班雅明來說，悲劇藝術橫跨了過去與現在。之後我們將會看到，在班雅明的觀點中，悲劇將如何展望未來。

賽門・戈德希爾寫道：「悲劇制度是一部將史詩神話轉變成城邦神話的機器。」[8]又說，悲劇是「具有實際理由的舞台表演」。[9]這些悲劇作品的

8 Simon Goldhill, 'Generalising about Tragedy', in Felski (ed.), *Rethinking Tragedy*, p. 59.
9 Ibid., p. 54.

情節大部分來自寓言與傳說，但對於往往不現實的內容進行現實的處理之後，把這些作品帶入了理性的論述與批判的辯論。戈德希爾指出，史詩把過去當成過去來表述，但悲劇則讓過去在現在重生，而為了結合過去與現在，在形式上也呈現過渡性。透過模仿的力量，遙遠歷史的事物可以具體呈現在我們眼前。將事物虛構成故事情節，同時也是將事件抽離出原本的脈絡，從而更廣泛地思索這些事件的意義，並且讓想像過去的內容面對現代的辯論精神。

即使如此，雖然男人與女人現在成為批判思考的客體，但他們尚未進展成擁有自主性的康德思想主體。在斯芬克斯的謎語中，人類靠兩隻腳站立，但這只是介於爬行與跛行之間的一段短暫插曲。我們享有一定程度的自主性，但我們卻身處於更深刻的依賴脈絡中。這種雙重確定——作為自身行動根源的自我，與透過自我說話與行動，帶有預言性的他者，這兩者之間存在著緊張關係——正是大量悲劇衝突的起源。約書亞・比靈斯（Joshua Billings）表示：「在悲劇裡，諸神的話語總是謎語，而主角的知識擺脫不了無知。」[10]黑格爾認為，這種一知半解的狀態逐漸浮上檯面的過程，構成了上古時代的悲劇藝術。我們已經提過，一個人的行動在他者眼中——取決於一個人在整個權力、繼承、親族、意義、諸神的場域中的位置——以及在自己眼中，意義可能有所出入，因此你的行動的真實意義不僅超越你的掌握，而且日後還可能以不同的形式反彈到你的身上。如尚—皮埃爾．韋爾南與皮埃爾．維達爾—納給所言，「伊底帕斯話中唯一屬於他自己的真實部分，就是那些不帶任何意義與任何理解的話。」[11]人永遠無法把自己的話語或行動稱為是自己的。如奧古斯特．史特林堡（August Strindberg）的劇作《父親》（*The Father*）所察覺到的，天底下再也沒有比父親這個身分更能強烈呈現出自我疏離的形象，因為自己的孩子是過去行為產生的結果，但這個結果現在卻過著屬於自己的生活，無論如何，這個孩子從一開始就不是你的。

人因此必須審慎地計算自己的行動，在難測的權力與相互競爭的力量構成的地雷區迂迴前進。更確切地說，由於不存在最終的後設語言，人們因此

10 Joshua Billings, *Genealogy of the Tragic* (Princeton, NJ and Oxford, 2014), p. 181.
11 Vernant and Vidal-Naquet, *Myth and Tragedy in Ancient Greece*, p. 117

總是需要以另一種語言來闡釋，如我們曾經提到的，他者不存在他者——沒有任何觀點可以綜觀全體。這不是個統一的領域，奧林帕斯山爭論不休的諸神也未構成一個單一而至高無上的權威。透過他者，人們重新將自己建立成一個能自行產生動機的行動者；但這注定超越我們的心智領域之外，因為從一開始就是他者將我們建構成一個認知的主體。

伊底帕斯擁有過人的智力，他對於自己的力量感到自豪，而且過於樂觀地相信人類追求知識的能力，像他這樣的人可說是啟蒙雅典人文主義批判精神的象徵。然而，心智的敏銳卻與肉體的局限衝突，人文主義的訓令認識你自己則與難以參透的他者牴觸，無論人們用什麼樣的名稱稱呼他者：命運、諸神、起源之謎還是深奧的自我根基。韋爾南與維達爾—納給寫道：「當人決定像伊底帕斯一樣盡可能探索自身時，他發現自己充滿奧祕，毫無一貫性，沒有自身的領域或任何固定的附著點，沒有明確的本質，有時能與諸神平起平坐，有時什麼都不是。」[12]因此，這名如乞丐般的國王既是啟蒙的典

---

12 Ibid., p. 139.

範，又是批判啟蒙的工具。伊底帕斯窮盡一切知識。伊底帕斯這個名字除了別的意思，還表示「對腳瞭若指掌」（know-foot），但這種知識形式已經超出我們能力範圍之外。我們曾經提到，受傷的腳標誌著我們與大地分離的地方，自主的自我受的傷，使我們靠自己的力量搖搖晃晃站了起來；但腳本身是我們與大地連繫的地方，而大地代表我們的存在難以參透的根基。這種深刻性就像個人的起源奧祕一樣，讓心智的探索屢屢受挫。斯芬克斯謎語中爬行的孩子接近大地，仰賴自然的老人拄著一根從大地砍下的拐杖倚靠大地；但處於嬰兒與老人之間善於計算的頭腦卻離緊靠大地的雙腳最遠，它遠離人類源起的卑微之處，但最終必將回歸。

尚－約瑟夫·古（Jean-Joseph Goux）指出，伊底帕斯既是謎語也是解謎者，他解開斯芬克斯的謎底是「人」，因而使怪物變成了人。[13]但是，藉由這種方式改變怪物，因而試圖否定怪物，伊底帕斯也坦承人類有著難以置信的可怕之處。人類因此在獲得肯定的同時也一下子遭到貶低。伊底帕斯嚴謹

13 見 Jean-Joseph Goux, *Oedipus, Philosopher* (Stanford, CA, 1993), ch. 1.

的算術（「一不大於一」）不願承認的是，人類是由不可化約的變化性構成的。人類既是肉體也是精神，就像斯芬克斯既是人類也是動物。人性的雙重性在亂倫的行為中遭到否認，人篡奪了父親的角色，成為自己的祖先，因此否認了自己的生物起源。人現在成為純粹的精神，不再受制於他人的肉體。參與自身的起源時刻，將自己的家系抹得乾乾淨淨，這是對仰賴的一種終極否認。在黑格爾眼中，伊底帕斯因此成為哲學家的原型，因為自康德之後，哲學家意謂著殺死象徵的父親（傳統、一般觀念），為自己思考與行動。從這點來看，把自己弄瞎是一種曖昧的行為。某方面來說，這是一種尋求自我最高權威的驅力，這種驅力始終伴隨著伊底帕斯。唯有自殺才能遏止這種衝動。自殺是為了取得如神一般的權威，能掌控自身的存在。然而，在表現出自我無知的過程中，弄瞎自己這個戲劇性的轉折也讓伊底帕斯察覺到肉體的存在及對他人的仰賴，從而開啟嶄新的自我理解之路。如同格洛斯特（Gloucester）在《李爾王》中說的，「當我看見的時候，我反而失足。」

在古老的悲劇韻律中，作為主體的自我可以在作為客體的自我——眼瞎、脆弱、卑微與遭到遺棄——的基礎上獲得充分發揮。精神真正的高貴在於承認自己的有限。斯芬克斯有一顆人類頭顱，卻有一具動物的身體。唯有依附在脆弱的肉體上，心智才能避免忽略自身與讓自身招致毀滅。無論對任何人來說都屬於真實的事物——意識源自於嬰兒時期身體的互動——已經從一項事實轉變成一種價值。我們以身體為基礎而進入到自我之中，身體是一團自然物質，既是我們自己的，也不是我們自己的，身體是主體性的所在地，但絕不是一塊所有物。身體是我們無法控制的敘事成果，也是我們共享的非個人物質。人類也是一個雙重的物種，既被祝福，也被詛咒，既是一切，也是虛無，既是值得觀賞的奇觀，也是到處破壞的野獸，幾乎不可能成為概念的焦點。如同《安蒂岡妮》合唱隊吟唱的，人類既光采又有罪——不只是混合的與多面向的，如稍微傾向自由派的人主張的，而且也是矛盾的化身，一個無法用所有的邏輯或自身的合理性來解開的謎語。悲劇因此是一種超越一切理性的理性形式，是與人類有關的一種辯證知識模式。

成為人類的身體就是成為一名行動者；然而也會變得被動而脆弱，不僅會成為歷史的客體，也會成為歷史的主體。斯芬克斯是生肉的吞噬者，牠不僅扯斷受害者的頭——不過伊底帕斯卻是靠自己的頭與牠鬥智獲勝——而且從隱喻的角度來說，牠也運用自己的聰明才智將受害者的頭與受害者的身體智慧切斷分離（身體本身是祖先遺留下來的東西），從而也將受害者的頭與虔信和義務的網絡分離（所有人類的肉體都被困在這個網絡之中）。由於身體所屬的自然要比意識來得古老，因此這頭半人半獸本質上就是一隻過渡的生物，猝不及防地出現在肉體與精神之間。艾斯奇勒斯《乞援女》（*The Suppliants*）裡的佩拉斯戈斯（Pelasgus）說道，沒有理性，我們就會毀滅；但理性無法一路暢行無阻，這個教誨啟蒙時代的理性主義應牢記在心。伯納德·威廉斯認為：「希臘悲劇顯示人類理智地、愚蠢地、有時災難性地面對一個只能部分以理智理解而且不一定完全符合倫理期望的世界。」[14]這個願景最為露骨地呈現在尤里比底斯的戲劇裡，伴隨著一個懷疑、去除神祕、充滿偶然的宇宙，對戰爭與權力傲慢的尖銳批判，對被拋棄輕賤之人的同情，反英雄的現實主義，以及對人類理智局限的審慎評估。儘管如此，奧林帕斯山仍舊缺乏理性，諸神持續干涉人類事務。舊體制也許反覆無常而且毫無用

14 Williams, *Shame and Necessity*, p. 164.

處，但它善變的權力依然不可小覷。

在艾斯奇勒斯的《奧瑞斯提亞》中，從神話過渡到政治，從自然過渡到文化，從血親過渡到公民領域，這些過程引發了霸權與各種問題——也就是說，在強制與共識之間必須達到多少相對比例才能達成有效統治。最著名的現代霸權理論家安東尼奧．葛蘭西（Antonio Gramsci）有時會用霸權一詞來表示共識的權力而非強制的權力；但霸權也可以指兩種模式的結合，而這似乎也是《奧瑞斯提亞》的看法。[15]在一個秩序井然的國家裡，不可能出現共識與強制單純對立的現象。要訴諸強制力，不僅要在共識無法達成的狀況下才能進行，而為了達成目的，強制力本身還必須取得普遍的同意。蠻橫的力量必須用說服來加以緩和，但不能因此而有損權威。這兩個原則，一個嚴厲一個溫和，都涵蓋於宙斯的本質之中，對比基督教的上帝，宙斯的暴力絲毫不亞於他那無情而難以忍受的愛。就像埃德蒙．伯克在《我們的崇高與美的觀念起源之哲學探索》（*Philosophical Enquiry into the Origin of our Ideas of the*

15 關於葛蘭西對霸權概念的各種運用，見 Perry Anderson, 'The Antinomies of Antonio Gramsci', *New Left Review* no. 100 (November 1976/January 1977).

Sublime and Beautiful）中表示，充滿男子氣概的法律，雖然隱藏在充滿誘惑力的女性華服之下，卻必須維持一點陽具崇拜的恐怖，艾斯奇勒斯的雅典也是一樣，雖然高唱所謂「神聖說服」的讚歌，卻告誡國家不可去除軍械這類令人恐懼的武器，為了城市秩序，有時可以揮舞這些武器。這類恐怖必須保留，但要維持在較為文明的水準上——亦即，用黑格爾的話來說，要予以揚棄（aufgehoben）。

權力只有成功植根於它所統治的人的情感上，才能真正繁榮昌盛，但權力也必須留意不能只在意這件事。脅迫依然是核心，雖然困難，但無論如何必須做到恩威並施。運用權力的人採取溫和的手段往往能獲得讚揚，但如果因此危及國家，就顯得本末倒置。過於親密，就像亂倫一樣，只會造成更大的混亂。索福克勒斯《埃阿斯》（*Ajax*）裡的墨涅拉俄斯（Menelaus）堅稱，「城市沒有恐懼就沒有法律」。野蠻的過去必須融入城市的現在之中，而非在通往自由啟蒙的過程中予以否認。當然，這麼做需要時間，這是霸權的核心。數十年乃至於數百年的時間會讓至高無上的權威轉變成第二天性，原始犯罪跟我們的關係會像老朋友一樣，我們會逐漸渴望法律而非只是容忍法律。長久存在就是正當性。《被縛的普羅米修斯》（*Prometheus Bound*）裡的赫菲斯托斯（Hephaestus）說道：「剛贏得的權力總是嚴厲。」

脅迫與感情可以約略等同於崇高與美麗，在治理國家時，脅迫與感情必須同時並行，原本威脅要毀滅城邦的權力先是遭遇抵抗，而後變得崇高，最後轉而對外保護城邦。軍隊於是應運而生。所以，令人憎惡的憤怒女神（Furies）轉變成仁慈女神，就成了既崇高與美麗，又可怕而和善。身為外來住民的她們，既令人恐懼又讓人熟悉。為了繁榮，城邦必須承認暴力，暴力促成城邦的誕生，之後持續潛藏於城邦的基礎之中，就像仁慈女神獲准居住在地底一樣。她們代表的原始威脅必須加以改變提升，這個過程可能帶來一段陣痛期。艾斯奇勒斯筆下的普羅米修斯在歷經折磨之後，最終可能與較為和善的諸神之王和解；事實上，普羅米修斯自己就曾向遭受磨難的伊俄（Io）保證，宙斯最終將會找到她，「但不是帶來恐怖，而是輕輕的一觸」。

少了這種仁慈，男人與女人將會被鎖在密不透風的史前前廳裡，深陷於一成不變的屠殺與報復的循環中，無法開展真正的歷史敘事。他們將被困在威廉·高汀（William Golding）的小說《自由落體》（*Free Fall*）說的「致命的下行線」裡，行動不受行動者的控制，產生無法預見的結果，最後陷入來路不明的陷阱，個人的掙扎將會像阿加曼農被困在死亡之網裡一樣無助。試圖讓自己擺脫這個困境，卻只會讓自己陷得更深。報復扼殺了敘事的可能性，把現在折回到過去，因此破壞了未來。如果報復是文明的敵人，那尤其是因為它阻礙了時間的進程，使秩序無法繼續演進發展。

提利亞德（E. M. W. Tillyard）評論說：「伊莉莎白時代的偉大，在於它包含這麼多的新事物，卻未破壞舊秩序的高尚形式。」[16]事實上，在伊莉莎白秩序底下彼此爭戰的貴族與殖民地的掠奪，根本毫無高尚之處，他們在愛爾蘭做的事，幾乎等同於種族滅絕。提利亞德針對圍堵做的穩當描述，暗示在舊時代與新時代之間存在著平靜的一致性，但同時代的悲劇藝術卻揭露這種說法絕大部分是假的。特別在詹姆士一世時代的悲劇裡，所謂的貴族秩序被破壞到難以恢復。弗蘭科．莫瑞提寫道：「那是一個仍認為自己是個有機整體的世界，但在一片喧囂聲中，現實已非如此。」[17]對約翰．戈特福里德．

16 E.M.W. Tillyard, *The Elizabethan World Picture* (London, 1943), p. 5.

17 Moretti, *Signs Taken as Wonders*, p. 28.

赫德（Johann Gottfried Herder）來說，莎士比亞作品的特出之處，在於作品中生命形式的純粹多樣性，唯有莎士比亞個人的天分方能將這些多樣的內容統合成前後一貫的形貌。[18]莫瑞提認為，莎士比亞的悲劇區分成行動與意義，「行動（情節）的軸線是由一種邏輯（亦即，意志、權力、熱情）來掌控，而價值的軸線……則由另一種邏輯來掌控，各自不會壓過或抹除對方」。[19]雷蒙德・威廉斯寫道：「英國流行戲劇的主體部分顯然還呈現著舊傳統的元素，這些元素不只是倖存而已，它們的力量仍足以與新元素分庭抗禮。」[20]傳統的道德與政治規範的力量仍大體維持，但它們無法再灌注充分的意義到人們的經驗裡。傳統道德規範的存在只是讓人衡量並且惋惜絕大多數角色已未能符合這些規範。巴特・凡・埃斯（Bart van Es）以一種過渡的眼光看待《哈姆雷特》，認為這部劇作「介於封建秩序（王國與王國透過戰爭來決定勝負）與講求現實政治的現代世界（由大使書信與祕密協議支配）

18 見J.G. Herder, *Selected Writings on Aesthetics* (Princeton, NJ, 2009), pp. 298-9.
19 Moretti, *Signs Taken as Wonders*, p. 69.
20 Raymond Williams, *The Long Revolution* (London, 1961), p. 252.

之間。有一個鬼魂在中世紀的天主教煉獄受苦，他的兒子從威登堡（Wittenberg）返國，威登堡是路德（Luther）的家鄉，也是路德新教觀念的發源地。」[21]哲學家卡爾・史密特認為莎士比亞的主人翁站在「歐洲分裂的當口」，處於舊神學與新民族國家興起的交叉路。[22]

想像一部戲劇作品依然保留著與古希臘人一樣的強烈秩序感，只要破壞這種秩序感必將招致災難，此外也帶有追求穩定的熱情，但對於個人豐沛的、具創造性的，以及可能造成破壞的力量，卻散發著一種在古雅典找不到的熱切人文主義色彩。人們因此可以了解莎士比亞悲劇的成就。從莎士比亞劇作裡的詩歌最能明顯看出秩序與崩壞之間的衝突，就像任何語言一樣，這些詩歌依循文法與邏輯的規則，然而一旦過於豐沛與多樣卻可能破壞自身的基礎。莎士比亞對社會秩序的信念，在陳述時卻受到使用的語言的危害。《第十二夜》（*Twelfth Night*）的小丑嘲諷說：「要告訴你理由，那就非用文字

---

21 Bart van Es, 'Too Much Changed', *Times Literary Supplement* (2 September 2016), p. 14. 關於莎士比亞與歷史過渡的引發聯想的描述，見 Paul Mason, *PostCapitalism: A Guide to Our Future* (London, 2015), pp. 235-6.

22 Carl Schmitt, *Hamlet or Hecuba?* (New York, 2009), p. 52.

不可。但文字現在變得如此虛妄，我很不願意用文字說明理由。」符號與符號指示的對象如果連繫不緊密，很可能使符號與其他符號胡亂連繫在一起，就像小丑向薇歐拉（Viola）討了一塊錢，他狡猾地問道：「先生，給兩塊錢會不會生孩子呢？」金錢，就像隱喻一樣，具有神奇的力量，能將事物變成其他事物，如同雅典的泰門抗議的一段話，吸引了卡爾．馬克思的注意（「光這些錢就能讓黑的變成白的，醜的變成美的，／錯的變成對的，低賤的變成高貴的，年老的變成年輕的，膽怯的變成勇猛的……」）。

問題在於，這種交換價值的迴路可能夷平所有的等級，形成一種空洞的平等。它抹除差異，造成無盡的重複，並且把所有事物化約為其他事物的鏡像。《仲夏夜之夢》的愛人可以彼此互換就是個恰當的例證。可能摧毀社會秩序的不只是語言與商業，還有欲望的無政府狀態，對欲望而言，一切對象完全出於偶然。最終，情欲還是祕密地迷戀上自己，就像《第十二夜》的奧西諾（Orsino）一樣。同一性取決於相互性，但不是個人自我創造的新倫理主張的那樣；在自我的互惠與同一性的獨斷交換之間存在著細微的劃分，前者標誌著傳統秩序，而後者屬於新的秩序。路德維希．維根斯坦（Ludwig

Wittgenstein）在《哲學研究》（*Philosophical Investigations*）中表示，沒有任何命題比事物與自身同一更為無用。劇作裡的事物完全是自我同一的，這些事物都是些無足輕重的東西，可以穿過語言之網，而且難以用文字形容。但在交換價值中，一件事物的同一性外在於自身，存在於另一件事物上，而另一件事物的同一性又在另一件事物上，因此交換價值是一種「惡的無限性」（bad infinity）形式，戲劇總是要對此保持警惕。[23]

意義與價值是否原本就存在於現實之中，或者只是投射在現實上的方便虛構？莎士比亞不僅對於特洛伊勒斯（Troilus）天真的主觀主義（「哪一件東西的價值不是根據人們的估計而決定的？」）表示懷疑，也對於自然主義教條（許多反對特洛伊勒斯的人支持這個觀點）有所保留，後者認為這個世界只是毫無內容的物質，完全順從於權力、意志與喜好的目的。男人與女人是自我形塑的動物，能夠編造自己的歷史，而這麼做意謂著打破傳統的限制。我們天生就想超越自我。超出固有的框架是我們的本性。同樣地，我們

23　我在我的 *William Shakespeare* (Oxford, 1986) 中更充分地發展這些觀念。.

會為了過剩本身而歡欣鼓舞。然而，過於浪費是一種放縱，就像過度追求是一種野心，這些都可能導致我們做出超越自己能力以外的事而招致毀滅。就像馬克白夫人（Lady Macbeth）一樣，人們可能忘記限制並非只是自我表達的阻礙，限制（舉例來說，親族或款待的要求）同時也是自我的組成部分。我們因此要像李爾一樣，必須回想起肉體的有限性。有些人的行為宛如自我的企業家，把自我當成物品依照自己的目的加以剝削，這樣的人最後往往悲劇收場；然而這些人也是未來的先鋒，他們隨時都在破壞對過去的虔誠恪守。

哈姆雷特抗議說，「但我內心深沉的悲傷豈是外表看得出來」（第一幕第二場）。在這裡，我們目睹了主體性在現代特有的形式——難以捉摸、變化無常、無法參透的內在性質，無法從認知層面加以掌握，此外還有各種順從社會規約的要求。報復帶有一報還一報的性質，哈姆雷特發現自己無法接受這種庸俗的交換價值。報復的對稱性與哈姆雷特的自我過剩互不相容。儘管哈姆雷特熱愛戲劇，但如果他是個拙劣的演員，那是因為他無法遵循劇本演出——也就是說，遵循已經決定好的自我版本，無論他要扮演的是愛人、報復者還是未來的君主。哈姆雷特類型的自我是純粹的過剩與空白，因此對他來說，採取明確的行動將會洩露自我的深不可測。如莎士比亞筆下特洛伊勒斯抱怨的，欲望無窮，但行動卻是限制的奴僕。所以哈姆雷特一直在象徵界的邊緣晃蕩，從未真的進入其中，他摒棄性生殖，憂慮地思索亂倫對所有親屬體系的破壞。這已不再是個人自由能否與社會秩序的要求妥協的問題，而是主體性本身是否存在著固有之物的問題，無論這個事物被理解成虛無（néant）、難題或「惡的無限性」，而與整個社會規範相抗。

莎士比亞悲劇的力量絕大多數來自於描繪傳統秩序與威脅篡奪傳統秩序的力量之間的抗衡。前者不光只是作為情節描繪的背景，個人主義的力量具有生產力，卻也帶來壞的結果。對比之下，詹姆士一世時代的悲劇整體而言對於傳統秩序不再那麼堅持，就像尤里比底斯比艾斯奇勒斯更加懷疑宇宙秩序一樣。傳統秩序的願景只散見於一些警語或洞見之中。個人的自我實現淪為卑劣地追求自我的飛黃騰達。呈現在我們眼前的是一個放縱、縈繞著死亡的世界，超驗或固有的設計遭到剝奪，最高統治者滿腹陰謀而內心偏執，可見的一切盡是虛妄，物欲橫流，紙醉金迷。皇家宮廷是目無法紀的中心，而非道德權威的中樞，擁有美德的人往往受害。在這個放縱欲望沉淪的世界裡，歷史只是隨著時光腐朽，肉體、榮譽與忠誠皆可買賣，在意義持續瓦解的表象下，流淌著就此長眠不醒的深沉欲望，最終形成一齣粗鄙無文的笑鬧劇。人類認同就像攔腰折斷的劇作形式一樣破碎。

這一切在滿載著施虐狂對暴力、獵奇與驚人景象的愉悅中上演——肆無忌憚地違反現實主義，以「頹廢」風格來揮灑忝不知恥毫無理由的技法，而頹廢本身正是過程的目的。相較於莎士比亞，此時的戲劇對於權力的探討毫無建樹，對於傳統的質疑解除了權力的束縛。傳統成了僵局。如果未來不在新血統的占有欲強烈的個人主義者口袋裡，那只是因為歷史進步的概念已經在意義的全面腐蝕中崩解，被不斷重複的欲望、情節與反情節的衝突，以及枯燥乏味周而復始的報復所取代。[24]

呂西安．戈德曼（Lucien Goldmann）在《隱藏的上帝》（*The Hidden God*）中表示，在拉辛的悲劇裡，上帝在這個世界出現的同時又隱藏起來，

---

24 對於這個時期報復悲劇的傑出研究，見 John Kerrigan, Revenge Tragedy: Aeschylus to Armageddon (Oxford, 1996)。

悲劇主角也一樣。全能的神對祂的創造物撒手不管，轉過身去背對這個煉獄世界，絕對價值因此消失無蹤。但是，上帝的身影仍籠罩在這片毫無生趣的現實界，主人翁因此拒絕接受這個世界，轉而追求超驗的領域。絕對價值永遠無法被理解，但絕對價值的幽靈也無法完全被驅散。彷彿全能的神只在人們徒勞地追尋祂時或者在罪的經驗中存在。令人進退兩難的是，神撤離世界的同時，也抽乾了世界的價值；但這也表示這座創造物的藏骸所完全就在此世，因此人們不需要為了追求更崇高的領域而擁抱或摒棄這個世界。生活在這個世界是難以忍受的，而這一切全是天界坐視不管造成的。

因此，在戈德曼看來，悲劇英雄身處於一個上帝以缺席方式臨在的世界，他背負著絕對需求蹣跚前行，而這個絕對需求從此世的眼光來看顯得荒謬無稽。[25]逐漸走向理性主義的社會秩序不把這種需求當一回事，而且提出一套條件要求我們服從權威。由於上帝已變得不可理解，對這個難以捉摸的他者提出問題便成了典型的歇斯底里患者的質問：「我該做什麼？你要我做

25 見 Lucien Goldmann, Racine (Cambridge, 1972), p. 10. 針對戈德曼的有用評論，見 Mitchell Cohen, *The Wager of Lucien Goldmann: Tragedy, Dialectics, and a Hidden God* (Princeton, NJ, 1994).

什麼？」歇斯底里患者因此成為一般人類主體的例證，他面對一個無法適當理解甚至談不上公正的命令。在這個嚴峻的新教願景裡，精神無法化身為肉體。價值可以存在於人類主體中，但無法在現實實現。用賽門．克里奇利（Simon Critchley）的話來說，「主體性的真實必須與世界分離才能存在」。[26]在失落的內在意義世界及權力與欲望的貪婪政權相互拉扯下，悲劇英雄遭到毀滅。

人們也許會在拉辛的戲劇形式中追溯這種衝突，特別是韻文的精鍊與韻文表現的不安主題之間呈現的不尋常緊張關係。在這些舉止造作的貴族中，有些人也是被性欲驅使的怪物。喬治．史坦納評論說：「在技術的冷酷嚴謹與對物質的熱情驅力之間維持著可以控制的平衡。」[27]從形式來看，這些劇作維持著一種根深柢固的秩序感，但劇作的內容卻不斷威脅要粉碎這種秩序感。然而，在不同層次上，形式與內容卻極為簡潔地反映著彼此。人們可以從戲劇情節將彼此對立的元素連結起來的方式看到這種簡潔性——這些元素

26 Simon Critchley, 'Phaedra's Malaise', in Felski (ed.), *Rethinking Tragedy*, p. 193.
27 Steiner, *The Death of Tragedy*, p. 80.

持續不斷地諷刺、矛盾、配對錯誤、事與願違、自我歸零、相互誤解、表裡不一與自我分裂。所有這些元素構成了一種否定的對稱，如此劇作的新古典優美形態就比較不帶有和諧的性質，而是平行的挫敗。舉例來說，在《安德洛瑪刻》（*Andromache*）中，安德洛瑪刻愛她死去的丈夫赫克托爾（Hector），皮魯士（Pyrrhus）愛安德洛瑪刻，赫爾繆內（Hermione）愛皮魯士，而奧雷斯特斯（Orestes）愛赫爾繆內。

這些對立的統一反映在韻文的諷刺與倒裝上。《菲德爾》（*Phèdre*）的伊波里特斯（Hippolytus）「被他親手餵養的馬拖行」（第五幕第六場）；奧雷斯特斯告訴安德洛瑪刻，「我殺了我尊敬的國王」（第五幕第四場）；在《安德洛瑪刻》中，赫爾繆內提到皮魯士時表示，「我愛得太深，現在已無法討厭他」（第二幕第一場）；《布里坦尼庫斯》（*Britannicus*）的布爾魯斯（Burrhus）評論說：「我擁抱我的對手，只是為了要悶死他。」布里坦尼庫斯說阿格里皮娜（Agrippine）「嫁給我的父親是為了毀了他」（第一幕第四場）。這些劇作的語言組織充滿這類辯證意象，這些意象可以作為許多局部的例證，在情節本身規模較大的狀況下，用來說明壓抑——在密不透風的貴族世界裡——可能形成衝突。在這個密封、人口稀少的空間裡，行動與結果構成的羅網，沒有任何角色能夠擺脫。

在形式的層次上，簡潔也許指的是熟練與簡要，但在內容的層次上，簡潔指的是所有事物都被無情剝除到只剩權力與欲望的世界。拉辛最傑出的劇作《菲德爾》以亂倫的愛為主題，這是很合邏輯的結果，我們曾經提過，因為亂倫是極度簡潔的事物，它把這個貴族小圈子——許多人是血親關係——的邏輯推到令人無法忍受的極端。這些劇作的語言也許精鍊優美，但它們提到了情欲，而情欲的本質就是混亂。此外，在這個欲望決定論的世界裡，愛就像恨一樣毫無憐憫與毫無節制，一旦陷入，隨時可能傾覆。

愛造成破壞與分裂，而非治癒與統一，愛遵從自身毫不憐憫的律法，凡是被愛的魔爪抓住的人，就會充滿仇恨並且成為自己也感到陌生的人。在這個欲望相互衝突的領域裡，其他人要不是被占有，就是被毀滅。對主人翁來說，在追尋真實自我的過程中，絕不可能妥協。一個像菲德爾這樣的女主角因此加入了悲劇人物的傳統，從伊底帕斯、菲羅克忒忒斯與安蒂岡妮，到薩繆爾・理查森的克拉麗莎、席勒（Schiller）的卡爾・摩爾（Karl Moor）、易卜生的布蘭德（Brand）與亞瑟・米勒的威利・羅曼，這些人都被一種需求緊緊捉住，這種需求就像古典上古時代的命運一樣無可阻擋。我們已經在安蒂岡妮的例子裡看到這點。在死亡本能激勵下，他們首先被驅使著走向孤獨，然後典型地走向死亡。取代絕對的是追求絕對時的無情本質。

如果追求注定失敗，那主要是因為激進的新教有個精神錯亂的上帝——在這個上帝面前，我們總是錯的——這個上帝加諸給我們的需求是無法理解的，就像卡夫卡（Kafka）城堡裡官僚做的事一樣。神聖律法是空洞的，但卻專橫。它毫無道理，卻因此更該順從。因為神聖律法若能為人所理解，則神聖律法將受制於日常理由的世界裡，這將造成超驗的終結。由於理性是價值中立的，因此在理性中找不到精神真實的立足之地，隨著理性日漸清楚而精確，精神領域也變得更加晦澀難解。價值被流放到經驗世界的邊界之外；然而，雖然這表示我們很少或完全不談論價值（如戈德曼所言，拉辛劇作的主角因此採取了雄辯的沉默），但價值的缺席，就像遠處傳來疼痛或恐怖的叫喊聲，始終未曾停止困擾我們。

戈德曼為拉辛悲劇願景中的政治過渡過程找到歷史脈絡，當時所謂的法袍貴族（*noblesse de robe*）被十七世紀法國中央集權官僚國家取代，這些貴族於是輕蔑地退出他們眼中的墮落世界。十八世紀晚期與一八〇〇年後，德國戲劇迎來全盛時期，在正值巔峰的背後卻存在著一個與拉辛時代完全不同的過渡。歌德的《格茨．馮．貝利辛根》（*Götz von Berlichingen*）、《艾格蒙特》（*Egmont*）、《陶里克的伊匹格尼亞》（*Iphigenia in Tauris*）與《托爾夸托．塔索》（*Torquato Tasso*），席勒的《強盜》（*The Robber*）、《菲耶斯科在熱那亞的陰謀》（*The Conspiracy of Fiesco in Genoa*）、《唐卡洛斯》（*Don Carlos*）、《華倫斯坦》（*Wallenstein*）與《瑪麗．斯圖亞特》（*Maria Stuart*），克萊斯特的《潘特希勒亞》（*Penthesilea*）與《洪堡的腓特烈親王》（*Prince Friedrich von Homburg*），賀德林的《恩培多克勒之死》（*The Death of Empedocles*），所有這些作品全屬於一段混亂的歷史，喬治．布希納（Georg Büchner）的《丹敦之死》（*Danton's Death*）稍晚對這段歷史提供了反思。這些作品絕大多數是貴族與叛亂、自由與博愛、暴動與絕對主義、專制主義與共和主義的寓言，這些寓言的主角是自由的觀念，而其所處的歐洲要不是正蹣跚走向政治革命，就是已經陷入革命的動盪。如謝林所言，這是所有哲學最重要的本質與特徵。在席勒的《唐卡洛斯》中，波薩侯爵（Marquis of Posa）是一個典型的過渡人物——他為共和主義自由大聲疾呼，但他行動的時機太早，結果死在國家手裡。即使如此，歷史的動力仍站在他這一邊默默地運行著。

十八、十九世紀之交，伴隨著這種戲劇內容出現了新的論述，這種論述稱為悲劇哲學。它標誌著從悲劇（tragedy）到「悲劇」（the tragic）的轉變——從藝術形式本身轉變成影響更深遠的政治、宗教與哲學願景。如果悲劇是最「哲學的」藝術形式，意思是說，在現代，悲劇最常吸引哲學家注意，那麼這主要是因為悲劇訴說的意義超越悲劇本身。如果悲劇的內容只是一個有瑕疵的英雄或破滅的希望，那麼悲劇幾乎不可能引起謝林或黑格爾這類人物的注意。我們之後將會看到，這個理論潮流更傾向於思索自由與法律、精神與自然、自由與必然之間的衝突，並且認為這才是悲劇藝術的本質。如果這些反思是抽象的，那麼就更需要用藝術來加以充實。哲學能說明，但藝術能顯示。史蒂芬·哈樂戴（Stephen Halliday）認為，柏拉圖懷疑悲劇的一個原因是，他認為悲劇是初萌芽的哲學形式，因此應視其為主要對手而予以壓制。[28]雖然時間稍晚，但柏拉圖最糟糕的恐懼還是在德國唯心論者身上實現。法國大革命之後，在一七九二年到一八〇七年這段期間，悲劇理論開始如火如荼地發展，歐洲歷史也在這個時期出現驚天動地的轉折。史詩規模的流血不再只局限在塞內卡（Seneca）的舞台上。

不僅在戲劇，過渡在悲劇理論中也是核心概念。根據黑格爾的看法，希臘悲劇藝術代表世界精神展開的一個特定階段，古典上古時代有限的宗教與政治觀逐漸在這個階段讓位給較為現代的世界觀。由法律居間調停，由外部力量施加的倫理集體觀點，逐漸被較為內省的個人道德取代。在《精神現象學》（*The Phenomenology of Spirit*）中，黑格爾尤其從克瑞翁與安蒂岡妮的衝突裡發現了這個重大的歷史轉變。我們之後將會看到，悲劇在黑格爾心中扮演了解決古希臘文明內部某些結構矛盾的關鍵角色。舉例來說，人的領域與神的領域之間的矛盾，家庭與女性領域之間的矛盾，以及重視個別性的私人生活與威脅要否定個別性的政治國家之間的矛盾。拉伊納．弗里德里希評論

28 見 Stephen Halliday, 'Plato's Repudiation of the Tragic', in Silk (ed.), *Tragedy and the Tragic*.

說：「城邦的倫理生活，沒有自主個別性立足的空間。」[29]

如果精神要演進，就必須解決家庭與政治領域之間的衝突；在這方面，悲劇扮演著關鍵角色，可以讓我們洞悉這兩個明顯對立的主張背後的統一性。對立的真實就是同一。對黑格爾來說，悲劇戲劇真正的主體不是這個或那個行動或哪個人物，而是所謂的倫理實體本身，這個倫理實體終極而言是不可毀滅的。就像科幻小說裡某種可怕的事物，倫理實體被扯碎的同時，馬上又會縫合起來。黑格爾認為，古希臘悲劇藝術也具有約書亞·比靈斯所說的「在特定歷史時刻的特定認知角色：它是古希臘賴以察覺自身宗教形式不適當的媒介」，因此能重構神與人的關係。[30]悲劇因此是通往黑格爾眼中這個問題唯一真正解決方式的中途站，這個解決辦法就是基督教，而黑格爾信仰的似乎是某種修正主義觀點的基督教。

賀德林也認為悲劇本質上是一種過渡形式。如他的同胞華特·班雅明的作品所言，悲劇顯示舊秩序崩潰下產生的新秩序，而英雄的犧牲在促進新秩

29 Friedrich, 'Everything to Do with Dionysus', p. 277.

30 Billings, *Genealogy of the Tragic*, p. 177.

序的建立上居於樞紐地位。就算英雄的死亡代表著失敗，死亡本身也將成為社會轉變的催化劑——賀德林說這是一種「淨化的死亡」，最終將使民眾起而反抗。歌德的《艾格蒙特》也許可以作為說明的例證。從賀德林的觀點來看，我們所說的藝術，關切的並非永恆的真實，而是持續不斷的崩解與更新。事實上，根據賀德林的想法，狄俄倪索斯，悲劇的守護神，總是連繫著歷史巨變。這種形式的感染力就在於唯有毀滅舊秩序，才能帶來新安排。約書亞·比靈斯認為賀德林在《安蒂岡妮》中發現了政治與神學形式的變遷。像克瑞翁這類人主張的由法律與政治權威居間調停的神明觀點，與安蒂岡妮較為直覺的和眾神建立和諧關係的觀點相牴觸——前者的神明觀點與即將來臨的較為平等與個人主義的時代格格不入。賀德林大膽地將這個即將來臨的時代稱為「共和」的未來，而他自己所處的時代也將目睹這個新時代激烈地到來。古希臘悲劇成為現代革命的先聲。

卡爾·馬克思也敏銳地意識到悲劇與過渡的關係。與黑格爾一樣，馬克思認為格茨·馮·貝利辛根是個生錯時代的悲劇人物——一名十六世紀的貴族後裔，卻要與新生且更加憤世嫉俗的現實政治時代對抗。身為誠實與忠誠這類傳統價值的擁護者，格茨遭到新興社會秩序的排擠，在新權力秩序下，堅守道德已成為過時的價值。根據馬克思的觀點，同樣的狀況也適用於斐迪南・拉薩爾（Ferdinand de Lasalle）的悲劇《弗朗茨・馮・希金根》（*Franz von Sickingen*）上，與作品同名的主角起而對抗社會現狀，但他代表的貴族階級已走向衰弱。身為革命理念的發言人，弗朗茨其實是為反動的社會利益服務。[31]還有一些過早出現的革命分子如托馬斯・敏策爾（Thomas Müntzer），他是弗里德里希・恩格斯（Friedrich Engels）的經典研究《德意志農民戰爭》（*The Peasant War in Germany*）的主題人物，這些人的失敗不是因為階級背景，而是因為他們的政治時機未到。

華特・班雅明對於悲劇的過渡性質提出獨特的觀點。他在《德國悲劇的起源》中表示，悲劇英雄發現自己被懸置在神話與諸神的舊體制以及新社群的誕生之間，而他的犧牲將催生後者。他完全不屬於兩者，最終將在兩者之間遭到毀滅死亡，他因此被困在古代律法與迷信的語言及倫理—政治未來仍

31 見 Karl Marx and Friedrich Engels, *On Literature and Art* (Moscow, 1976), pp. 98-101. 也可見 S.S. Prawer, *Karl Marx and World Literature* (Oxford, 1976), ch. 9.

無法明確表達的論述之間。身為被犧牲的受害者，悲劇英雄是舊體制的殘餘；但他也代表一種能使舊體制走向衰亡的原則，因此預示了解放的未來。從一個秩序往另一個秩序劇烈變遷的過程中，英雄努力維持平衡，他拒絕在諸神面前證明自己的合理性，而且與命運決裂——如班雅明在他的論文〈命運與性格〉（*Fate and Character*）提到的，與「無止盡的罪與贖罪的異教鎖鍊」決裂，而聖保羅（St Paul）將這條鎖鍊稱為律法。[32]這種強迫性的周而復始，我們不難看出死亡本能在這當中如惡魔般的存在，而悲劇能讓我們從這種重複中獲得解放，如同英雄透過犧牲使自己超越墮落狀態，進而與神建立親密關係。班雅明在更早的一篇論文指出，悲劇主角取得的實現只可能在彌賽亞時代而非世俗時代完成，然而由於實際上沒有人真的生存在這樣的時間模式裡，所以英雄必須死——我們可以這麼說，為了自身的不朽而死，使他能夠從我們這些凡人被迫身處的空洞而永遠無法實現的時代解脫。[33]

32 'Fate and Character', in Walter Benjamin, *One-Way Street and Other Writings* (London, 1978), p. 127.

33 見 Walter Benjamin, 'Trauerspiel and Tragedy', in Walter Benjamin, *Selected Writings*, vol. 1: *1913–1926* (Cambridge, MA and London, 1996).

悲劇藝術因此對奧林帕斯諸神發動叛亂，從異教儀式轉向倫理—政治，從神話走向真實，從命運走向自由，從自然走向歷史，從諸神彼此爭戰的專制統治走向獲得救贖的民眾。但在班雅明眼中，英雄的叛亂注定發生得太早。無法清楚說明新的共同體存在形式，也無力逃脫神話與命運的掌握，英雄終究只能保持雄辯的沉默或道德的無語。如果英雄啞口無言，那是因為他是從一個尚未誕生的社會秩序取得自身的認同，這個社會秩序一旦出現，將會從他的無語中學習到自身的語言。如此，英雄便具有烏托邦一切能指（signifiers）具備的捉摸不定的性質。他將自己的身體奉獻給統治權力，卻仍維持自身靈魂的完整與超然，他將救贖交給了未來，但由於他也規避了自身的死亡，因此這個遠景未能給予他任何重大的安慰。

意識到自身的道德比奧林帕斯諸神優越，主角卻無法讓這份體認取得具體的形貌。在這個未臻成熟的狀況下，他唯一能做的就是讓自己被社群殺害，以安撫諸神的兇殘。透過儀式的安撫，以壓迫的過去為名殺死他的人就會逐漸認識到天界的不公義，並且將眼光轉向解放的未來。在格奧爾格·盧卡奇《歷史與階級意識》（*History and Class Consciousness*）的啟發下，班雅明日後將這個過程轉化成政治語言，持續為統治權力犧牲的無產階級替罪羊將不再保持淒苦的沉默，而將開始意識到自己身為受害者的地位。如此，無產階級將創造出新社群的語言，並且讓自己擺脫神話的桎梏，而神話現在已經改名為意識形態。（班雅明表示，意識形態是一種思想模式，只要世上還有乞丐，意識形態就會繼續存在。）

馬丁．海德格（Martin Heidegger）的《形上學導論》（*Introduction to Metaphysics*）也認為悲劇是過渡事物，但他的政治立場卻與班雅明對立。對海德格來說，悲劇詩人是個引領風潮的逾越者，他說出了迄今為止人們未想到的事與未說過的話，在存有力量的指引下，他以世界史政治家（海德格心裡想到的人物可能是希特勒）的眼光來擘畫新的世界。悲劇詩人是神話建築師而非神話批評者。偉大的悲劇因此是一種創建世界的革命行動；這些世界創建者都是無法見容於他們的時代的先知，他們的不幸命運足以成為悲劇本身的主題。

提摩西．萊斯（Timothy J. Reiss）在他充滿企圖心與想像力的作品《悲劇與真理》（*Tragedy and Truth*）中表示，當社會與政治秩序經歷某種深刻的重組時，悲劇藝術就會出現：古希臘城邦的建立與引發伯羅奔尼撒戰爭（Peloponnesian wars）的衝突，十六世紀歐洲現代民族國家的形成與宗教戰爭，浪漫主義時代與革命等等。悲劇在為這些混亂時代形成合適的概念系統上扮演了關鍵角色，但悲劇也顯現出對這類知識的局限，使我們察覺某些意義是悲劇無法表現的。悲劇因此指出了意義的過度或不可能，意義不僅規避既有的知識體系，而且就這個層面來說，意義也是一種激進力量。然而，悲劇也有助於調節這種潛在不穩定的過剩。悲劇縮減意義使其符合指涉、理性與再現的既有秩序，卻導致萊斯這類傅柯學者（Foucauldians）的不信任，對他們來說，任何這類體系都帶有些許壓迫的色彩。

因此，一方面，悲劇將社會或論述秩序的核心無法表達的部分表現出來。另一方面，悲劇也協助將這種難以駕馭的內容復原成傳統智慧，「藉由顯示理性中所謂不理性的部分來引致理性」。[34] 這種方式可以抵銷不可理解

34 Timothy J. Reiss, *Tragedy and Truth* (New Haven, CT and London, 1980), p. 284.

之物造成的威脅。萊斯評論說，「悲劇是危機的時刻，也是解決危機的時刻」。[35]傳統上認為悲劇是和解的觀點被轉化成當代理論的語言。然而，雖然早期一些思想家從這種做法中得到安慰，但萊斯——他認為所有的秩序與穩定（事實上是所有的系統知識）都不可靠，而他的研究也帶有一點米歇爾．傅柯（Michel Foucault）的政治悲觀主義——卻認為悲劇藝術採取了一種挪用力量以避免被這種力量削弱的做法。就《奧瑞斯提亞》來說，這麼做也許具說服力，但放在《白色惡魔》（*The White Devil*）或《一切都為了愛》（*All for Love*）上面就很難說得通了。

詹明信（Fredric Jameson）認為藝術現代主義源自於現代化過程，而現代化過程至今仍在進行中，尚未走完整個歷程。佩里．安德森（Perry Anderson）也提出類似看法，他認為現代性對於在某些方面仍處於前現代的社會造成的衝擊，解釋了現代主義藝術具有的瓦解力量。[36]一旦完成了朝現

---

35 Ibid., p. 302.

36 見 Fredric Jameson, *A Singular Modernity* (London and New York, 2012), Part 1, and Perry Anderson, 'Modernity and Revolution', *New Left Review* no. 144 (March–April, 1984).

代轉變的過程，那麼現代主義作為一場藝術運動就會從眾人的目光中消失。整體而言，現代主義是馬克斯·韋伯認為的文明逐漸「除魅」的產物，但文明仍然充滿神話、寓言、民間故事與超自然，人們依然可以運用這些資源來逃避現代性各種令人嫌惡的特徵，或充當象徵性的架構來合理化眼前的一切。世俗世界尚未穩固到足以抹除所有神聖的痕跡，其中最核心的就是藝術本身。對馬丁·海德格來說，唯有開採這類珍貴的象徵礦藏，人類才能獲得救贖。我們這些晚近的現代人，生活在過渡時代的動盪中，蘇格拉底的理性主義與西方科技即將結束，而新的神話文化還在催生階段。在這段歷史的關鍵時期，希臘悲劇作家的智慧將證明是不可或缺的。

現代主義因此是一種過渡現象，這無疑說明了為什麼現代主義儲備了許多悲劇藝術的例證。在這方面，現代主義與後現代的後繼者形成強烈的對比。在易卜生與契訶夫的戲劇中，從城市發端的自由與啟蒙觀念傳到鄉村之後，與當地根深柢固的農村秩序頑強的習慣產生難解的衝突。[37]但這個農村

37 在此，根據我的想法，我根據格奧爾格·盧卡奇的說法把易卜生的自然主義視為一種現代主義形式。

秩序，特別是在契訶夫的作品中，正走向死亡，在社會與商業力量瓦解圍困下，契訶夫《櫻桃園》（*The Cherry Orchard*）中的櫻桃樹從土地鄉紳手中進了白手起家的商人口袋裡。我們之後將會看到，這種懸置在過去與現在之間的狀況，使契訶夫筆下人物產生了一定程度諷刺的自我覺察，這些單純的哲學家一廂情願地期盼解放的未來，但他們知道自己在這個未來裡不扮演任何角色，而且自己也將在歷史紀錄中消逝無蹤。這當中當然存在著希望，但卻不是給他們的。這些崩潰、精疲力竭的人物，一方面無精打采地懷念過去，另一方面又徒勞地期盼未來，他們的腦袋裝滿瑣事與難以盡記的名言錦句，並且生活在情感僵局的世界裡。厭煩就像傷寒一樣具有傳染性，而歷史目的的所有意義全崩解成純粹的偶然。此時人們能與他人分享的只剩下孤獨感。然而藉由戲劇形式的成功，劇作卻將這些憂鬱的聲音與不討喜的人物融合成優雅而和諧的整體。心境上驚人的一致也鞏固了他們的凝聚力。

對亨里克・易卜生戲劇中的人物來說，未來是已經昏暗的現在——啟蒙的人物，如《羅斯默莊》（*Rosmersholm*）的約翰・羅斯默（John Rosmer），他的進步價值與挪威保守鄉村的虔誠信仰產生衝突。然而問題在於，如果未來潛伏在現在，那麼過去也會持續存在於現在，所以當前的時刻將成為過去與未來相持不下的交會點，男人與女人會在這種碰撞中粉身碎骨。如果自由的阻礙僅是外在的——傲慢的神職人員、欺詐的行政長官、腐敗的小官員等等——那麼處境還不至於如此悲慘。然而，真實的狀況是追求自由的驅力是自我挫敗的，受到來自內在罪惡感與累積的人情侵蝕。自由必定伴隨著對他人的傷害。真實與自由的源頭是被汙染的。奧古斯特・史特林堡在他的作品《父親》與《復活節》（*Easter*）中分享了大致相同的陰鬱看法。不僅是社會，就連血統上也存在著這種致命遺產。

在緊密連結的鄉鎮地區，人與人之間的生活要比在彼此叫不出名字的大城市更為密切，在這裡，自我實現勢必要犧牲或背叛他人。《社區之柱》（*Pillars of the Community*）的黑瑟爾小姐（Miss Hessel）提到，「人要打破許多紐帶關係才能開創自己的路，獲取幸福」，這是幸福為什麼總是令人失望而自由精神的肆無忌憚為什麼陷入悔恨與自我責難的原因之一。「要成為完整的自己！」易卜生筆下的布蘭德大聲說道：「但背負繼承而來的罪，我們該怎麼做？」高尚志向的根源居然是罪與懲罰——來自於永遠無法推卸的道德債務與讓人動彈不得的義務。從這個意義來看，易卜生的主題從一開始到結束全是原罪。我們繼承了一份遭到玷汙的遺產，我們從來沒有選擇的機會，我們的行動卻從根源就受到汙染。這種狀況早在浪漫主義悲劇中已得到預示，主角無家可歸，懷著罪惡感，內心充滿悔恨，他們的身上始終縈繞著無可名狀的罪名，而他們的罪就來自於他們自己。在易卜生的作品中，人的認同根源從兩個意義上來看是可疑的：不僅在道德上名聲欠佳，而且在道德上不確定，因此有時候會搞不清楚到底有沒有犯罪。[38]艾略特（T. S. Eliot）最具易卜生風格的劇作《一家團聚》（*The Family Reunion*）也是如此。資產階級個人主義認為每個人各有自己的命運；然而，在糾纏不清的人類因果中，我們不一定能輕易地說誰擁有一個行動，或由誰完整做出了某個行為，或看起來是一個人主導的結果，但其實卻是幾個人背地裡勾結造成的。或許我們既是肇事者，也是事件的受害者。是你還是過去決定你的命運，當你試圖逃離自己的命運時，在多大程度上反而使你一頭栽進命運的羅網？如果我

38 見 Franco Moretti, *The Bourgeois* (London and New York, 2013), p. 171.

們距離伊底帕斯的世界不遠，那不只是因為伊底帕斯自己陷入了矛盾之中，也因為原罪無所不在。這種互相傷害的可能性存在於人類的彼此依存上。

想將歷史的石板擦乾淨，清出一塊空間重新開始，這種一馬當先企圖擺脫罪惡感的衝動，最後都只是一場幻想。有太多的歷史需要清除。單純從量體來說，過去對現在占有優勢，想擺脫過去的人，自己就是過去的產物。把歷史的石板擦乾淨，本身就是一種歷史行為。羅斯默表示，要贏得一個根源來自於罪惡的行動，絕不可能成功；但是，人類生活彼此緊密交織，有哪一個行動與惡無關呢？邦加曼．康斯坦（Benjamin Constant）在《反思悲劇》（*Reflections on Tragedy*）中提到，制度網絡「從我們出生就圍繞著我們，直到我們死亡為止」，它就像是古代人面對的命運一樣，只是發生在現代；[39] 關於這一點，最明顯的莫過於易卜生的戲劇，在他的作品中，每當主角試圖緊握雙手，抓住真實、自由、快樂與純真時，過去就會陰魂不散地出面阻止——理想從未遭到摒棄，但總是接受妥協與遭受汙染。

---

39 Benjamin Constant, 'Reflections on Tragedy', in Barry V. Daniels (ed.), *Revolution in the Theatre* (Westport, CT, 1983), p. 107.

雷蒙德．威廉斯寫道，易卜生的作品顯示「一名處於權力頂峰的男子遭遇的悲劇，他的力量受到限制，想一展長才之際卻遭到擊敗，釋放自身的能量，卻遭到自身的能量毀滅」。[40]這個悲劇打動人心的地方在於，主角遭遇失敗並非純屬偶然，彷彿他原本就該成功，只是偶遇失敗。相反地，真正引人注目的是失敗的必然性——在致命的辯證關係之下，自由轉變成束縛，自我實現離不開自我仇恨，真實建立在謊言之上，而如同《奧瑞斯提亞》，死者決定了生者。如果山是自由的象徵，那麼山的冷冽寒氣也迴盪著死亡。這些矛盾具有社會基礎。這裡關鍵的是自由社會面臨的核心困局：我的自我實現的權利是絕對的，但你的也是，我們很難看出兩者間這種至死方休的戰爭最終將如何反轉。人對自己保有一份神聖的信任，因此《玩偶之家》（*A Doll's House*）的諾拉（Nora）必須無情地履行對自己的義務，即使這意謂著她將棄自己的子女不顧。艾麗娜（Irena）在《咱們死人醒來的時候》（*When We Dead Awaken*）中抗議說，犧牲自我是一種自我謀殺的行為。但易卜生筆

---

40 Raymond Williams, *Modern Tragedy*, p. 87.

下的主角從卡斯騰・伯尼克（Karsten Bernick）到阿諾德・魯貝克（Arnold Rubek）都說，堅持自我實現可能會對別人犯下致死的罪。在查爾斯・狄更斯（Charles Dickens）後期的小說中，犯罪就位於成就的根源。這些劇作讚揚企業家的大膽願景，他們就像史詩英雄的現代版；但這些劇作也清楚察覺到這些精神貴族的暴力與無法無天，他們無情地追求自我利益並且居高臨下輕賤底層民眾。

維爾納・宋巴特（Werner Sombart）寫道：「每個完美的資產階級心中都住著兩個靈魂，一個是企業家的靈魂，另一個是體面的中產階級靈魂……激勵企業的因素包括對金錢的貪婪、對冒險的渴望、對探索的熱愛……至於資產階級精神則是由計算、審慎決策、理性與節約構成。」[41]簡言之，資本主義的努力與資產階級的道德相衝突。但是，資本主義想繁榮發展，也需要資產階級的道德框架。弗蘭科・莫瑞提指出，易卜生的戲劇並不關切資本與勞動的鬥爭，而是關切中產階級「內部」的衝突，也就是披荊斬棘、大膽突

41 Werner Sombart, *The Quintessence of Capitalism* (London, 1915), pp. 202 and 22.

破現狀的實業家和沉悶而體面的牧師與政治人物之間的衝突。[42]除此之外，這也是急切地凝視未來的人與故步自封拘泥於過去的人之間的競爭。《社區之柱》中自命不凡的盧姆梅爾（Rummel）說出虔誠的希望，「新事業〔鐵路〕將不會破壞我們今日立足的道德基礎」，但是中產階級社會的這兩個面向不是那麼容易調和一致。企業家是不顧後果、恣意掠奪的探險家，其實與歹徒沒什麼兩樣，他們持續不斷冒險嘲弄可以正當化他們的活動的規範。尼采對於社會共識或正統道德觀毫不在意，他不計代價準備犧牲這些過時之物來迎接「超人」（Übermensch）的無窮動力，超人不屈從任何人的法律，只依循自己的意志。對黑格爾來說，所有偉大的立法者也是違法者，未來的先驅在膽怯的現在眼中勢必如同犯法之人。杜斯妥也夫斯基（Dostoevsky）《罪與罰》（*Crime and Punishment*）裡的拉斯科尼科夫（Raskolnikov）也在藝術家、罪犯、探險家與邪惡的天才變得越來越難區分的時代提出大致相同的觀點。

易卜生《建築大師》（*The Master Builder*）裡的希爾德・凡格爾（Hilde

42 見 Moretti, *The Bourgeois*, p. 170.

Wangel）是個精力充沛的尼采式人物，她堅決主張，「擁有堅定良知與健康」的人應該遵從自己的欲望，不應有分毫的罪惡感或因內疚而顫抖。易卜生讚揚這種精神貴族主義，特別是其中帶有的大膽表現與氣勢；然而與尼采不同的是，受到騷擾的職員、受虐的妻子或衣衫襤褸的工程師，與躊躇滿志的人類精神開拓者一樣都獲得易卜生的想像同情，他的戲劇力量有一部分來自於他能把悲劇的地位拓展到這些不起眼的人物身上。同時代的湯瑪士・哈代的小說也是如此。布蘭德、博克曼（Borkman）、希妲・加布勒（Hedda Gabler）與《咱們死人醒來的時候》的阿諾德・魯貝克都是古典意義下的悲劇人物——飢渴、受惡魔般的力量驅策、追求誇大的權力，社會狀況裡的真實或榮耀對他們來說屬於太死氣沉沉的小資產階級，無法讓他們從僵局與除魅中超脫。但另一方面，易卜生也願意承認較不具吸引力的人物的悲劇，這使他不同於卡爾德隆（Calderón）或高乃依（Corneille）。由於易卜生的戲劇，使得「資產階級悲劇」一詞不再是雙重的矛盾修飾語——雙重是因為資產階級的願景一般來說較為光明而非沮喪，也因為悲劇在傳統上被視為諸神、英雄與貴族專有的領域，與醫師、律師、會計師沒什麼關係。

如果現在被過去入侵而阻塞了未來的可能性，歷史將陷入困境，整個線性發展概念將開始解體。自由精神或懷抱願景的企業家持續往前行進，但行進時會產生某種阻礙行進的事物，使敘事變成僵局，使持續的運動變成永恆的靜止。由於自由的障礙就存在於自由本身——到頭來，這些障礙其實就是你自己——因此，勝利與失敗，創造與毀滅，實現與挫折，都是同時存在，而不是接續而來。烏爾夫海姆（Ulfheim）在《咱們死人醒來的時候》中表示，「你來到一處窄小的角落，既不能前進，也不能後退。你就困在那裡……」（第二幕）。當過渡觀念被推至極端時——當兩個彼此競爭的秩序，一個瀕臨消亡而另一個努力迎來新生時，兩者會形成僵局——結果可能造成時間的停止或崩潰，人們會因此對於從內部解決犯罪與不公義的問題喪失信心。所以，在易卜生的戲劇中，自然主義時間在懸置於生死之間的辯證意象中陷入危機，處於時間之內與之外的時刻同時顯示了失敗與超越，就像羅斯默與麗貝卡（Rebekka）站在橫跨水車水流的橋上，攜手走出他們的《愛之死》（*Liebestod*）；索爾尼斯（Solness）筆直地站在他的塔尖上享受暈眩的勝利時刻，而後墜地身亡；精神上即將死亡的博克曼，他攀登進入到山裡的自由空氣中，卻死在雪裡；魯貝克與艾麗娜一起爬到山的頂峰，卻因雪崩而丟了性命。羅斯默與麗貝卡的自殺顯示他們更新了對未來的信仰，但也向愚昧的過去遞上降書。《約翰·加布里埃爾·博克曼》（*John Gabriel Borkman*）與《咱們死人醒來的時候》的末尾也可以說大致相同。

易卜生之後，才有一群劇作家開始打破自然主義的時間框架，他們選擇了一條直接將時間凍結的戲劇路線。於是，此後就不再有過渡的問題，對線性演進的信任逐漸被如夢境般支離破碎的表現主義戲劇敘事取代，如契訶夫遲緩的時間性，布萊希特的戲劇蒙太奇，或貝克特毫無情節的劇作。現代主義本身也可以說是過渡現象，但有些現代主義作品追尋一種永恆的現在，把目光放在過去、現在與未來匯集的交岔世界的靜止點上。這並非彷彿歷史正朝災難衝撞過去，而是歷史已完全停止前進。

我們已經看到悲劇戲劇困在古代神話世界與較為理性的解放世界之間。珍妮佛·華勒斯（Jennifer Wallace）從這些角度來觀察一些現代美國悲劇，美國悲劇作為帶有古代信念與習慣的歐洲文化移民，必須在當前持續存在的美國建立新的認同。[43]阿爾貝・卡繆主張有兩個偉大的悲劇時代——一個是古希臘時代，另一個時代始於莎士比亞，終於卡爾德隆與拉辛。他認為，這兩個歷史時期的特徵是「從灌輸了神明與神聖觀念的思想形式過渡到受個人主義與理性主義概念啟發的思想形式」。[44]以拉岡的話來說，我們也許把這種過渡視為從想像界轉變到象徵界，意象與制度領域逐漸讓位給法律、理性與論述領域，家庭的親密關係逐漸屈服於城邦的非人領域。有人也許甚至認為這類作品與過去的關係仍帶有一點伊底帕斯的色彩，雖然努力要擺脫伊底帕斯的權威，卻無法完全不受影響。尋求解放的驅力逐漸與想要擺脫的對象糾纏在一起。從個人層面來說，想進入象徵界的人必須避免被拉回到血緣與感情紐帶的前政治領域，最明顯的例證就是嬰兒對照顧者的緊密依附。哈姆雷特未能充分實現的就是這段變遷過程。因此，過渡問題也許不像我們想像的離亂倫主題非常遙遠，我們已經看到，這個問題一直是悲劇藝術持續關切的主題。

43 見 Jennifer Wallace, *The Cambridge Introduction to Tragedy* (Cambridge, 2007), p. 75.

44 Camus, 'On the Future of Tragedy', p. 298.

第四章

意義豐富的虛假

意識形態作為一種對不公義或壓迫進行合理化的工具，最早可以追溯到《約伯記》，但到了柏拉圖才首次以精心發展的虛假意識出現。絕大多數的意識形態不一定具有如此強烈的陰謀性質。許多傳布給一般民眾的神話，就連宣傳者本身也深信不疑，不過我們接下要舉出一兩個例外。傳布明知不實的信念並非統治者典型的維持權力的手法，特別是因為這麼做總是會被拆穿。政治人物避免不實宣傳的一個理由是他們避免說謊是基於審慎，而非誠實正直。然而，有意與無意虛構之間的區別並不是非常清楚。在最傑出的一部當代愛爾蘭戲劇中，弗蘭克．麥吉尼斯（Frank McGuinness）《看著阿爾斯特子弟朝索姆河前進》（*Observe the Sons of Ulster Marching Towards the Somme*）裡的肯尼斯．派伯（Kenneth Piper）是個爽朗、抱持異見、喜歡諷刺的局外人，他最終率領同袍士兵，藉由鼓吹好鬥的阿爾斯特同鄉情感，激勵大家走上戰場。我們很難判斷，派伯是否最終受到自身家庭的帝國過去揮之不去的影響，還是派伯身為一名傑出的表演者，能感同身受地編織一段英雄故事鼓勵即將受到屠殺的年輕袍澤。派伯是否相信自己的宣傳，還是說根本不信？或許不同的意見沒有表面上看起來那麼截然二分。

在《理想國》第三卷中，柏拉圖提出一個政治神話，由於太過大膽，就連他自己也感到坐立難安。他的想法是說服統治者、士兵與平民相信，他們的年輕時期是一場夢——雖然他們覺得自己是在人類社會裡被撫養長大與接受教育，但事實上他們都是在大地的子宮裡形成的，然後被排出到了地上世界。由於大地是他們的母親與保姆，因此他們有責任保護這片被稱為祖國的土地不受侵擾。而有趣的是，這裡的假象其實是由說服他們相信自己生活在假象裡構成的。有人會質疑軍隊與統治階級的能力是否容易受騙到足以吞下這個高貴的謊言，但除此之外還有更難以置信的內容。柏拉圖認為，必須讓民眾了解，神以不同的方式創造他們，統治者混入了黃金，統治階級的輔助者混入了白銀，至於黃銅與鐵則構成較為卑微的民眾類型，而最需要加以警戒捍衛的莫過於自然揀選的機制。如果黃金或白銀父母生下的兒子摻雜了黃銅或鐵，那麼必須毫不徇私地將他降到比較低的階層；然而還有用人唯才的原則，如果工匠的兒子生來就帶有一點黃金或白銀的成分，那麼就讓他升到比較高的社會階序，擔任守衛者或輔助者。人有一部分是由自然物質構成，而自然物質決定了人的社會地位，如此人就不會想著憎恨自己或別人的階層，就像人不會看到星星閃爍而憤憤不平。這種意識形態是「自然化」，而且是用最貼近字面的意義來解釋。

根據柏拉圖的理想社會秩序，統治者被授予說謊的獨占權利。他們獲准基於公共利益說出虛假的事物，但其他人說謊被抓就會遭到懲罰。對一些後柏拉圖時代的思想家來說，統治者需要隱瞞的不是個別民眾的起源，而是政治權力不堪聞問的來歷。絕大多數國家是戰爭、入侵、革命或滅絕的最終結果，國家的核心是隱匿這些原始的侵害，不讓需要被徵召入伍保衛國家的人知道。統治權力的原罪可能玷汙統治權力的歷史，因此必須加以壓制。如果法律與秩序不過是集體失憶的結果，是不受喜愛的權威來源深植於政治無意識中造成的，那將會如何？

大衛．休謨警告說，如果我們調查國家的起源，我們一定會發現叛亂與篡奪。休謨寫道：「光是時間本身就能穩固〔統治者的〕權利；而且逐漸讓民眾的心靈與任何權威協調一致。」[1]對埃德蒙．伯克來說，霸權也是時間

---

1 David Hume, *Treatise of Human Nature* (Oxford, 1960), p. 566.

變遷的問題。他寫道：「時間在某種程度上……混和與結合了被征服者與征服者……」[2]如果伯克對法國大革命感到憤怒，那特別是因為「所有讓權力看起來溫和，讓服從看起來自由的怡人幻覺……都將被象徵光明與理性的新征服帝國瓦解。所有體面的生活帷幔全被粗魯地扯掉」。[3]在伯克的觀點中，權力必須欺騙理智，捏造高貴的謊言與富有教化意義的想像。民眾需要的是振奮與安慰人心的事物，而非真實。馬修・阿諾德（Matthew Arnold）在評論財產與國家的起源時表示：「一個明智的人不會同意沒收財產時使用暴力；但是，一旦事過境遷，他絕不會想提出反沒收的建議來彌補暴力造成的損失。讓事情早日落幕，讓過去被遺忘，這才是比較好的做法。」[4]一旦國家最初的罪行埋葬於過去，所有人就能愉快地忘掉這一切。最初創建國家時使用的暴力，此時被抬升成為保衛國家的軍隊。政治霸權是記憶逐漸淡忘後

2 Edmund Burke, 'Letter to Sir Hercules Langrishe', in R.B. McDowell (ed.), *The Writings and Speeches of Edmund Burke*, vol. 9 (Oxford, 1991), p. 614.

3 Edmund Burke, *Reflections on the Revolution in France*, in Francis Canavan (ed.), *Select Works of Edmund Burke* (Indianapolis, IN, 1999), vol. 2, p. 170.

4 Matthew Arnold, 'The Incompatibles', in R.H. Super (ed.), *The Complete Prose Works of Matthew Arnold*, vol. 9: *English Literature and Irish Politics* (Ann Arbor, MI, 1973), p. 243.

形成的果實。厄尼斯特・赫南（Ernest Renan）認為，國家的定義不僅來自於國家記得什麼，也來自於國家遺忘什麼。在席勒的戲劇《華倫斯坦》中，主角評論說，「多年征戰帶來神聖的權力；／無論時光如何催人老，人們仍將高呼神聖。／一旦掌握權力，你就站在對的一方」（第一幕，第四場）。

蒙田（Montaigne）嘲弄對這類事物進行深奧探究的做法，至於帕斯卡（Pascal）則在《思想錄》（*Pensées*）中提出警告「〔最初的〕篡奪真相絕不可公諸於世：最初的發生毫無理由，但會變得合理。我們必須了解，這件事被視為真實與永恆，如果我們不希望這一切很快化為烏有，那麼它的起源必須隱藏起來」。[5]至少在這方面，人們不需要對權力訴說真相，因為權力已經知道真相是什麼。康德也認為思考政治權威的起源將對國家造成威脅。[6]尼采宣稱：「高興、良知、喜悅的行為、對未來充滿信心——這一切都取決於一條黑線，這條黑線將光亮與可辨識的部分及未能照亮的黑暗部分區別開來；這一切也取決於人們剛好能在正確的時間記得及剛好能在正確的時間遺

5 Blaise Pascal, *Pensées* (Harmondsworth, 1966), pp. 46-7.

6 見 Hans Reiss (ed.), *Kant's Political Writings* (Cambridge, 1970), p. 143.

忘……」[7]約瑟夫—瑪里・德・梅斯特（Joseph-Marie de Maistre）在《論法國》（*Considérations sur la France*）中表示，政治權力只能在根源被遮掩在神祕之下才能存活。為此，他支持向民眾傳布有用的虛構，民眾無論如何都只能靠著錯誤活下去。無論祭壇與王座的權力是野蠻還是仁慈，都必須說服民眾屈服在兩者的絕對權威之下。

另一個不能讓群眾知道的醜聞是，上帝作為道德價值與社會秩序的基礎，其實並不存在——或者，即使上帝存在，祂的權力也被嚴重高估。[8]民眾的虔誠必須與知識分子的懷疑主義隔離開來。伏爾泰（Voltaire）認為群眾總是愚昧，他覺得自己家裡的僕人不應該受到他的非正統宗教觀影響。愛爾蘭哲學家約翰・托蘭德（John Toland，跟伏爾泰一樣激進）在他的神學論文《泛神論要義》（*Pantheisticon*）中堅決主張，理性的真實必須遠離群眾的迷信。大衛・休謨同樣察覺到有學識的人與無知的人在這些問題上的巨大分歧，但他主張一個溫和的宗教觀——雖然他自己並不相信——也許有助於政

7 轉引自 Keith Ansell Pearson, *Nietzsche* (London, 2005), p. 55.

8 我在 Eagleton, *Culture and the Death of God*, ch. 1 對這個問題做了更詳細的討論。

治穩定。[9]湯馬斯・傑弗遜（Thomas Jefferson）也提到，信仰上帝是促成社會凝聚的核心，即使他自己並未分享這份信仰。同樣無神的愛德華・吉朋（Edward Gibbon）也抱持大致相同的觀點。

馬克斯・韋伯在他的著名隨筆〈學術作為一種志業〉（*Science as a Vocation*）中表示，只有極少數大膽的人才能接受世界沒有固有的意義，至於那些膽怯的人雖然無法擁抱真實，但「古老教堂的大門會向他們熱情地敞開」。[10]而在納粹政治理論家卡爾・史密特與新保守主義思想家列奧・施特勞斯（Leo Strauss）的作品中也出現同樣的想法，他們都認為必須隱匿道德價值並無堅實基礎的事實。而且必須將民眾與哲學家嚴格區別開來。有鑑於人類無法承受太多的現實，因此對這些思想家來說，文明要仰賴勤勉而審慎地培養出虛假意識。唯有細心維持的陰謀才能收買激進的理性主義與政治不滿。群眾不擅於形上學思考成了統治者的保單，這份保單可以提供統治者實質的利益。拉・羅什福柯（La Rochefoucauld）自豪地認為自己難以欺騙，他

9 見 David Hume, *Dialogues Concerning Natural Religion and the Natural History of Religion* (Oxford, 1993), p. 153.
10 Max Weber, 'Science as a Vocation', in Gerth and Wright Mills (eds), *Max Weber*, p. 155.

表示：「有些虛假經過喬裝改扮，與真實相差無幾，如果認為自己不會遭到欺瞞，那就大錯特錯了。」[11]

最後則由尼采在神的問題上對統治權力提出質疑，不過，既然他與伏爾泰或席勒一樣不認為一般人可以獲得啟蒙，或者事實上任何人都不可能，他的「上帝之死」的戲劇性宣示在政治上也就毫無效果，只能在哲學領域上引人注目。事實上，儘管尼采在《權力意志》（*The Will to Power*）中抨擊柏拉圖的高貴謊言，他還是挺身為一般民眾的虔信辯護——當然，這不是為了社會秩序的利益，也不是為了讓一般民眾為自己的無知付出代價，而是因為「超人」的苦行與自我犧牲可以習得自我紀律，而這種苦行與自我犧牲至少是基督教信仰能夠提供的。人們必須服從這類道德體制才能完全超越道德。所以這位基督教最雄辯的對手顯然滿足於看到一般民眾虔誠地坐進教堂的座席上。

柏拉圖想用他的神話故事欺騙群眾，他也相信群眾無論如何都會受騙，

11 Duc de la Rochefoucauld, *Maxims and Moral Reflections* (London, 1749), p. 36.

他們會毫不思索地陷入偏見（doxa）之中，而非活在持續的真實光照之下。斯賓諾莎（Spinoza）同樣對一般民眾抱持貶抑的觀點，對他來說，無法依據理性生活的人，只能活在想像的世界，只能根據自身的需要、欲望、情感與厭惡來下判斷。一般民眾必須透過神話與象徵來加以統治，不應該讓他們閱讀像斯賓諾莎這類人寫的作品，因為他們一定會做出錯誤的詮釋。唯有理性能讓我們超越自身的立場，看見事物的本質。唯有「在永恆的面向之下」（sub specie aeternitatis）思考世界，我們才能擺脫時間的殘害與欲望的專制。人類中心主義是人類的自然狀態，更確切地說，這種自我保存的驅力是人類的生物學條件。自我中心源自於我們物質身體的存在，我們不是依據永恆的理性法則來判斷事物，而是依據能否取悅我們的感官或令我們感到嫌惡來判斷事物。從這個意義來看，日常經驗的典範就是藝術，藝術能直言不諱地掌握由感官與主觀角度感受到的世界。

對斯賓諾莎來說，最根深柢固的幻想就是相信我們可以做出不同於自己的行動。斯賓諾莎是精力充沛的決定論者，他認為自由是心靈的平靜（apatheia），而心靈的平靜來自於知道事物不可能有所不同。要獲得真正的自由，就必須掌握我們眼前事物的必然性，藉此來增強我們掌控世界的力量。由於群眾不知道真實的原因，所以他們誤把自己的意願當成自身行動的根源。談到自然的普遍秩序，心靈只擁有對自身、身體與其他物質對象「混淆而支離破碎」的知識。[12]然而與柏拉圖不同的是，斯賓諾莎相信這種無知是可以挽救的。一般民眾毋須深陷於幻覺之中。他們的欲望具有可塑性，可以加以重塑，而這個任務——不是在政治上適時地進行虛構——就落在啟蒙哲學家肩上。

由於這樣的信仰，使得斯賓諾莎的名字受到歐洲統治階級的畏懼與謾罵。孔多塞（Condorcet）發現自己與他的荷蘭同僚意見一致：他問道：「如果一個體系的原則是民眾的道德必須建立在虛假的意見之上，啟蒙者只要能提供民眾有用的錯誤就有權欺騙他人，而且可以合理地將民眾拘束在只有啟蒙者才知道怎麼打開的鎖鍊上，那麼你能期望從這樣的體系產生什麼樣的道德？」[13]這是針對整個可恥事業做出的簡潔摘要。在這方面，孔多塞的繼承

12 Spinoza, *Ethics* (London, 2000), p. 62.

13 Antoine-Nicolas de Condorcet, *Sketch for a Historical Picture of the Progress of the Human Mind* (London, 1955), p. 109.

者是佛洛伊德。佛洛伊德在《一個幻覺的未來》（*The Future of an Illusion*）中表示，宗教觀念不過是說給嬰兒聽的童話故事，而他以晚期啟蒙運動風格思考一個能免除這種鴉片劑的未來。事實上，一定程度的錯覺是自我的組成部分，人不需要因此信仰妖精或哭泣的聖母馬利亞神像。

或許，神經科學相當於當代的斯賓諾莎決定論。很少有觀念像自由一樣在實踐上如此受歡迎，在理論上卻如此受懷疑。一般民眾認為自己是自由的，但一小群遺傳學家與神經科學家卻認為人的行為是神經放電或基因遺傳的結果，而人的意識只是幻覺。然而，就像維多利亞時代英格蘭的衣櫥無神論者為了社會穩定而溜進教堂一樣，這些科學家的行為也許可以說與他們的科學教條相矛盾。從這個觀點來看，人類社會就像是個機器，我們在其中擱置我們對自由意志的懷疑，為了能平靜生活，我們只好與迷惑、熱愛自由的群眾一起努力。如休謨所言，過多的理論思考可能讓社會的存在陷入停頓。

對斯賓諾莎來說，真正造成扭曲的不是神話，而是生活經驗本身，後者使我們無法獲得永恆的真實。左翼的斯賓諾莎學者路易・阿圖塞（Louis Althusser）也如此認為，對他來說，意識形態無法提供進入科學或理論領域的管道。如同康德的現象界與本體界，我們生活在分開而隔離的世界，其中一個世界是「生活」的世界，這個世界是必不可少的虛構。無論經驗論者如何想像，經驗絕非指引真實的可靠嚮導。太陽看起來離我們只有幾英里遠，但天文學家告訴我們，事情並非如此。此外，如斯賓諾莎在《倫理學》（*Ethics*）指出的，我們關於太陽與地球實際距離的知識，無法改變太陽看起來離我們只有幾英里遠的感覺。真實與經驗是分隔的領域。真實不像較為好戰的理性主義形式宣稱的那樣，可以自動除去錯誤。我們的心靈也許向理性開啟，但我們的感官則非如此。真實的性質與我們的肉體性質相反。對柏拉圖與斯賓諾莎來說，確實存在著絕對真實，只是在現象學領域找不到。

對斯賓諾莎來說，世界似乎仁慈地以人類主體為中心，儘管理性告訴我們，世界其實對人類十分冷淡。我們天真地以為父母是慈愛的，但其實父母是可恥而怠忽職守的。這種情況說起來有點幼稚，但我們無法期望這種幼稚病長大後就會好轉。只要是經驗，就會有錯誤的看法，這是為什麼對阿圖塞來說——阿圖塞認為，經驗就是我們給意識形態取的名字——意識形態是永恆的。[14]我們的錯誤看法的來源，其實不光只是經驗的內容（如柏拉圖的高貴的謊言），連經驗的形式也包括在內。阿圖塞認為，在主體與世界的想像連結中，主體逐漸覺得現實有權對他提出要求——主體已經預見現實的到來，並且為現實準備一個特別的地方，然後賦予現實一個目的與身分。就像一個花言巧語的愛人，這個世界以一種居於支配地位的社會秩序形貌欺騙我們，使我們相信世界需要我們。我們的存在不再是偶然，而是如柏拉圖神話裡的士兵與政治家一樣，並非在偶然間發現自己的天職，而是在大地母親的子宮中受到養育而從事這份天職。由於統治秩序需要我們的主動支持，因此這個秩序也使我們成為自由的行動者。所以，縱使理論明知我們只是這套或那套結構的產物，但我們依然將自己視為自身行動的根源。

阿圖塞的意識形態理論混合了一點斯賓諾莎、一點叔本華（Schopenhauer）、尼采與佛洛伊德。就這條思路來說，人類行動本身是一個多產的虛構。這個虛構仰賴一個對於自我的統一性毫無根據的信仰。這個統一性可

14 見阿圖塞對意識形態的看法，*For Marx* (London, 1969), p. 234，與論文 'Ideology and Ideological State Apparatuses' in *Lenin and Philosophy* (London, 1971).

能是意志（叔本華）、物種的實際需要（尼采）、自我（佛洛伊德）或意識形態（阿圖塞）的產物。這些學說認為，我們享有一種自由與自主的感覺，讓決定我們的力量能進行欺騙，抹去自身的存在。人類主體因此能前後一貫地從事有目的的行為。在這個過程中當然不乏能窺破這些託詞的優秀心靈。奧斯卡．王爾德（Oscar Wilde）評論說：「當我們充分探究統治生命的科學法則時，我們將了解比夢想家擁有更多幻覺的人才是真正的行動者。」[15]王爾德在《作為藝術家的批評家》（*The Critic as Artist*）表示，當人類行動時，他是個傀儡；當人類描述時，他是個詩人。但是那些未能行動的人，例如約瑟夫．康拉德（Joseph Conrad）《諾斯特羅莫》（*Nostromo*）的馬丁．德庫德（Martin Decoud），突然發現自己對於自身的存在感到懷疑，而後逐漸崩潰。傀儡與詩人之間的選擇，是自我欺騙與把欺騙當成一種藝術形式的選擇。對王爾德來說，說謊是日常生活中最美麗的裝飾。說謊者的目標「只是讓人陶醉、高興與給予愉悅。他是文明社會的基石」。[16]真實是給店鋪老闆

15 *The Wit and Wisdom of Oscar Wilde* (London, 1960), p. 52.

16 Ibid., p. 56.

與實證主義的英國人的。

斯賓諾莎認為主體是不可理喻的，但並非不真實（尼采也如此認為）。認識真實意謂著把主體從知識的場景中去除，就像阿圖塞認為理論或科學是無主體的過程。在理性的領域，主體性只是一片空白。羅傑．斯克魯頓（Roger Scruton）表示：「斯賓諾莎無法把觀測宇宙的立足點置入宇宙的核心。」[17] 與此相對，康德卻認為世界不可避免是「我的」世界。在斯賓諾莎的觀點中，錯誤的看法並非來自於被具體呈現、自然化、崇高化、遭到模糊或合理化的事物，而是來自於自發地呈現在主體面前的事物。問題不在於有缺陷的主體性，而是主體性本身。

叔本華認為邪惡的意志使我們的再現脫離真實，他用更為宏大的形上學風格來說明類似的例子，叔本華之後，尼采也提出同樣的看法。談論意識的人其實談的是虛假意識。如果能察覺事物是一種福氣，那是因為察覺事物提供了大量自我欺騙的機會，而且可以藉此使用各種的方式來欺騙他人。如同

17 Roger Scruton, *Spinoza* (Oxford, 2002), p. 76.

辛格（J.M. Synge）《聖者之泉》（*The Well of the Saints*）裡的盲人乞丐瑪麗・都爾（Mary Doul）抱怨的：「他們是一群能看得見東西的壞蛋，他們看見好看的東西，得到了不少樂趣，但他們卻假裝自己沒看見，撒了欺瞞人的謊言……」[18]你可以運用識別事物的能力來欺騙他人，由於我們生活的世界是由幻想構成的，這更讓欺騙變得更加容易。這不是現實以外的另一種選擇，而是我們用來設想現實的框架。

黑格爾認為，錯誤是精神的組成部分，精神犯下的大錯與疏失對於精神的展開至關重要。在羅伯特・穆齊爾（Robert Musil）《毫無個性的男人》（*The Man Without Qualities*）中，烏爾利希（Ulrich）思索著，「在歷史的進程中，存在著某種偏離進程的元素」。在《精神現象學》裡，虛假涉及知識與知識對象之間的區別，而這也是真實的本質條件。錯誤是真實的一部分，因為除了其他事物之外，真實也仰賴錯誤才能運作。[19]約翰・羅伯茲（John Roberts）談到黑格爾認為「人類具有無窮的能力解決錯誤的認識、錯誤與錯

---

18 J.M. Synge, *The Playboy of the Western World and Other Plays* (Oxford, 1995), p. 60.

19 見 G.W.F. Hegel, *Phenomenology of Spirit* (Oxford, 1977), pp. 22-3.

誤的詮釋，因此能恢復與復原真相」。[20]人只有透過最迂迴的路徑才能達致啟蒙。為了展現自身的特質，觀念必須經歷「虛己」（kenosis）的過程，就像天父透過基督展現一樣。

馬克思也察覺到錯誤的必要性，至少在某些社會條件下是如此。在他早期的作品中，虛假意識是遮掩與正當化統治階級權力的必要之物。多產的虛假擁有意識形態這個名稱。對比之下，在馬克思後期的作品中，扭曲更傾向於出現在客體而非主體。在資本主義的狀況下，類似成為實體的固有部分，非真實成為真實的組成部分，而虛假的外觀則成為現實不可或缺的一環。資本主義生產模式的運作帶有一種表裡不一的特徵，這種特徵與主觀上的錯誤概念無關。舉例來說，薪資契約表面上看來是平等交換，因此隱匿了剝削的現實；公民在政治領域的抽象平等掩飾了在市民社會的實際不平等；商品看似是人類的奴僕，暗地裡卻成為人類的主人。就像尼采的權力意志，資本主義世界的現實面自發地將自己呈現成另一種模樣，唯有被稱為科學的懷疑詮

20 John Roberts, *The Necessity of Errors* (London, 2011), p. 204.

釋學能暴露這種現實被有系統地錯誤詮釋的機制。馬克思認為，如果現象與本質吻合，就不需要這類科學。

在佛洛伊德的作品中，主體的真實並未與自我的知識相吻合。「我思，故我不在；我不在，故我思」，這是賈克・拉岡改寫笛卡兒我思的著名說法。艾瑞絲・梅鐸寫道：「自我是我們生活的地方，是幻覺出現之處。」[21]她認為，能驅散這種幻覺的是藝術與美德的實踐，這兩種都需要無我地關注現實界。對比之下，佛洛伊德則認為要克服自我與無意識之間的隔閡需要新的科學（精神分析）。自我本身是一種生命謊言形式，在現實界的壓抑下成長茁壯。斯拉沃熱・齊澤克認為，有一種原始的幻想作為意識的超驗框架——這種幻想比真實本身來得久遠，而且構成主體持久的核心。[22]此外，透過夢與幻想，主體才能最流暢地說出真實，並且被銘刻在身體的神經症症狀上。

能彌補表象與現實的鴻溝的不只是科學，美德也做得到。由於有美德的男人與女人都有不偽善的特質，我們可以——用《馬克白》（*Macbeth*）的

21 Iris Murdoch, *The Sovereignty of the Good* (London, 2006), p. 91.

22 See Žižek, *The Fragile Absolute*, ch. 8.

話來說——從他們的臉上看出他們的居心。這種展現表達出道德的完整性。然而，這種狀況與尼可洛·馬基維利（Niccolò Machiavelli）的說法大相逕庭，他的《君王論》（*The Prince*）的理想統治者有時必須無情，但如果讓民眾知道你有無情的一面，那麼很快就會失去信任。君主不一定要合於公義，但必須讓自己看起來公義。美德與權力之間的縫隙因此成為表象與現實的差別。真實不再完全是透明的。傳統的美德觀念依然擁有博取同意的力量，不過還沒有權威到足以指引一個人的行為。「實然」與「應然」彼此互不交疊，如同政治必然性在訴諸倫理規範的同時卻可能敗壞倫理規範。這裡的衝突並非私人與公共價值之間的衝突，而是正式與非正式公共領域之間的衝突。

虛構與虛偽此時成為政治生活的構成部分，而不是偶然間沾上的汙點。所有的權力都混合著幻覺。馬基維利顯然不是徹頭徹尾的馬基維利式人物，他認為統治者在可能的狀況下，仍必須表現良善。但是，如昆丁·史金納（Quentin Skinner）所言：「問題出在當你無法避免做出邪惡的事時，要如何避免看起來邪惡。」[23]慶幸的是，在這方面，絕大多數男女很容易受騙，

---

23 Quentin Skinner, *Machiavelli: A Very Short Introduction* (Oxford, 2000), p. 47.

事實上，是渴望讓自己受騙。在此同時，宗教也可以當成意識形態來加以利用，可以激勵民眾將社群的善放在所有目的之上。

大衛・休謨是最投入的哲學虛構編造者之一，他企圖將知識化約為假說，信仰化約為獨特的感情強度，道德化約為純粹的情感，因果關係化約為想像的建構物，而歷史化約為可以無限詮釋的文本。一個被認為是真實的觀念，感覺起來就是會與虛假的觀念不同。休謨在《人性論》（*Treatise of Human Nature*）裡主張，論理不過是受習慣影響的情感，而信仰不過是特別生動的概念。持續的同一性是一種現象，我們可以感受得到，但無法證明，至於因果關係則是由習慣養成的想像期待的結果。事實上，想像（休謨認為這是「一種不連貫而謬誤的原則」）存在於我們一切知識的根源，也是所有哲學體系最終的仲裁者。這種善變的能力也存在於私有財產與政治國家以及技藝與理解的基礎上。浪漫主義的來臨，使這個不起眼的能力開始承擔如此繁重的工作。

理論與實踐是相互牴觸的，因為唯有壓制這些顛覆性的思考，社會存在才能穩固建立。思索形上學問題的群眾認為真實的存在是無可爭論的，但生性懷疑的理論家則悶悶不樂地察覺到，這些真實的堅實程度其實與風俗、情感、直覺與想像沒什麼不同。隨著形上學的基礎在腳下崩解，休謨在「自欺」（mauvaise foi）的時刻設法退避到仔細培養的咖啡館虛假意識中，在那裡玩一點雙陸棋，與朋友同樂，然後將懷疑交給政治上方便的遺忘。我們的腳踩的不是陸地，但我們必須假裝那裡有。

柏拉圖、馬基維利、伏爾泰與許多其他提供方便虛構的人，他們並未打算將說謊予以正當化。欺騙是令人遺憾的，只有當欺騙在政治上是不可或缺時，才應該在群眾中進行散布。欺騙在一般的真實體制下進行，欺騙並不破壞真實的基礎。事實上，謊言藉由偽裝成真實來向真實表達忠誠。有個思想家，對他來說，謊言絕非可悲的必然，這個思想家就是尼采。尼采企圖將一般認定的真實與虛假的價值翻轉過來，而他也大膽地高唱欺詐的讚歌。尼采在《歡愉的智慧》（*The Joyful Wisdom*）中表示：「看起來，生命的展開彷彿是為了表象，我的意思是，為了錯誤、欺騙、掩飾、受騙、自欺……」[24]在

24 Friedrich Nietzsche, *The Joyful Wisdom* (London, 1910), p. 279.

《道德譜系學》（*The Genealogy of Morals*）中，尼采鄙視那些不說謊的人，他嘲弄說，「一個真正的謊言，一個貨真價實、堅定的、『誠實的』謊言（關於這些謊言的價值，人們應該去問柏拉圖），對他們來說太艱困也太具說服力」。[25]真實受到不合理的高估，而且證明遠不如虛假來得有效。在我們充滿熱忱地追求這個理想時，我們卻忘了探究它的價值。如約翰・格雷（John Gray）以尼采的語氣做的評論，他說，在人類演化的過程中，「真實並未對錯誤擁有系統性的優勢」。[26]從他的觀點來看，人類沒辦法不靠著幻覺過活。尼采在《善惡的彼岸》（*Beyond Good and Evil*）中表示，放棄虛假的判斷意謂著棄絕生命。虛假是存在的狀況，堅持眼中只看著真實的人，最終可能毀滅存在。唯有獨斷的偏見能說服我們相信，這個危險的事物要比單純的類似更有價值。與叔本華一樣，尼采也認為智性本質上是一種用來掩飾的器官。對真實的追求證明是毀滅性的，真實本身是醜陋的，想不計代價地要求真實

25 Friedrich Nietzsche, *The Genealogy of Morals,* in Walter Kaufmann (ed.), *Basic Writings of Nietzsche* (New York, 1968), p. 573.

26 John Gray, *Straw Dogs* (London, 2003), p. 27.

是一種瘋狂的形式。真實具有毀滅的力量，幻想則能珍視與保存。我們對真實的渴求，與我們更為基礎的對虛構的需要相衝突，而後者乃是一切良善與美好事物的基石。原本屬於特例（保存幻覺）的事物，現在卻成為一般的知識論。

談到虛假，就自然要提及真實的觀念。然而，尼采有時候似乎堅持真實本身只不過是一種具生產力的錯誤概念。他在《道德譜系學》評論說，人類的真實只是一種「無法反駁的錯誤」——又如他在《權力意志》裡說的，人類的真實是一種精心設計，沒有這個設計，某些動物的物種就無法生存。它們是我們無法辨識的嵌合體，是我們照著字面意義使用的隱喻。真實是一種幻覺，這種幻覺掩蓋了對事實的察覺。從弗蘭克．科莫德（Frank Kermode）《終止的意識》（*The Sense of an Ending*）的角度來看，真實是神話而非虛構，因為後者意識到自身的欺騙。然而，如果非真實可以增益生命，協助我們應對世界與控制世界，好讓我們能夠生存與繁榮，那麼尼采嚴格來說就不能算是實用主義者。因為對絕大多數實用主義者來說，這樣的觀念已算是真實，如果把這些觀念稱為虛假，就表示用了其他的判準來評估這些觀念的有效性。對實用主義來說，觀念並非虛假而多產，而是多產（就該詞的某個相應複雜的意義來說）因而為真。[27]從這個觀點來看，不可能有多產的虛假。

所以，尼采是否主張世上並不存在真實，或者真實確實存在但比幻覺來得低等，或者真實是否是一種有用的錯誤？然而，與什麼東西相比才算是錯誤？在《查拉圖斯特拉如是說》（*Thus Spake Zarathustra*）中，承重的精神（Spirit of Gravity）主張所有的真實都是扭曲的，但我們如何能得知這點？我們整體的經驗怎麼可能出錯？然而，尼采「就這樣」否認了真實的觀念，這實在令人感到懷疑。與其他人一樣，尼采有時似乎承認真實的陳述是可能的。然而，這些陳述的真值是相對於歷史上特定的論述形式——亦即傅柯所說的真實體制，也就是根據我們的物質需求，以各種方式來劃分現實。真實是人類中心論的。它沒有牢不可破的形式，但同樣有著幾近確實存在的事物。即使如此，只要這些事物不完全是絕對的，人們還是可以說這些真實是錯誤的。想要確定複雜到難以理解而且持續處於變遷的現實，這項嘗試最終

---

27 例見 William James, 'Pragmatism's Conception of Truth', in *William James: Pragmatism and Other Writings* (London, 2000).

注定是失敗的。

此外，人們可以靠著有系統的安排、偽造、陳規化與過度化約，創造出一個可計算與可管理的世界。真實是被虛構的，而非被揭露，日常經驗因此要比我們想像的更像是人造物。在尼采眼中，人類是天生的說謊者——也就是說，說好聽一點，人類是天生的藝術家。真實是詮釋學的活動，原則上，詮釋的過程永遠不會終止。人類有機體將非真實吸收到自己的存在之中以獲得生存與繁榮，而今後是否能將真實也吸收到自己的存在之中仍未可知——也就是說，承認沒有真實，至少就任何定義完整的真實意義來說是如此。只有「超人」才能勝任這項挑戰。

在表象的世界裡，有一件事物凸顯出這個世界的嚴重缺乏現實，這件事物就是藝術。尼采做了一個令人吃驚的大膽動作，他直接切斷了藝術與真實的傳統連結。藝術象徵著狄俄倪索斯奔放的精力，它使我們走上通往現實界的進路。但是，由於現實界可怕得難以注視，因此藝術的功用就在於以阿波羅的外觀來加以掩飾。很少有著名的藝術哲學家如此直言不諱地認為藝術的本質就是鴉片劑，而文化的本質就是虛假的安慰。在夢境與幻想中（阿波羅），無意識的真實（狄俄倪索斯）揭露了自身，佛洛伊德也提出同樣的看法，只是在仔細地構思下採取了錯位的形式。由於我們擁有的藝術都帶有將野蠻崇高化的過程，因此文明最璀璨的花朵往往植根於野蠻狀態。這是一種神義論（theodicy）：如果歷史終將帶出歌德與托爾斯泰，那麼殘酷與剝削將是不可避免的。

浪漫主義者與唯心主義者誤把藝術當成一種認知力量，相反地，事實幾乎完全不是如此。尼采在《悲劇的誕生》中寫道：「一旦意識到他看到的真實是什麼樣貌之後，人類在每個地方看到的無非是存在的恐怖或荒謬……他為此感到噁心。在他的意志遭遇最大危險的地方，藝術以伸出援手的女術士或進行治療的專家形象出現。光憑女術士一個人就知道如何將有關存在的恐怖或荒謬的噁心想法轉變成人們可以生活的觀念……」[28]這是個現代主義陳腔濫調的例子：現實本質上就是混亂的，唯有獨斷加諸的形式才能賦予現實秩序。世界也許是某種幻覺，但藝術（尤其是悲劇）是一種「救贖的」幻

28 Friedrich Nietzsche, *The Birth of Tragedy*, in Kaufmann (ed.), *Basic Writings of Nietzsche*, p. 60.

覺——一種治療的虛構，使我們能自由而生氣勃勃地活著。在藝術正式而冷靜地掩護下，我們可以從現實根源處蠻橫的無意義中獲取淫蕩的歡快感。正因如此，尼采在《悲劇的誕生》中主張，存在唯有作為一種審美現象，才能被合理化。

因此，藝術代表一種「對非真實的崇拜」（《歡愉的智慧》），教育我們接受類似。我們甘心地接受欺騙是人類生活的關鍵條件。我們也消除了探索形上學奧祕的欲望，因為這種奧祕不過是表象華而不實的投射。「真實是醜陋的，」尼采在《權力意志》裡評論說：「我們擁有藝術，以免我們被真實毀滅。」[29]當我們窺探事物的核心而且在那裡發現了恐怖而遭受創傷時，我們才了解真實的知識會癱瘓我們的行動。如果我們要做出有建設性的行動，我們就要帶著某種有益的自我盲目。理論與實踐是相互牴觸的，無論是尼采還是休謨都抱持相同的看法。

藝術的虛假性質忠實反映了世界的虛假；但藝術對這個虛假來說也是虛

29 Friedrich Nietzsche, *The Will to Power* (New York, 1968), p. 435.

假的，它為持續的無秩序蓋上了飄忽不定的穩定印記。為了表達毫無道理或毫無目的的權力意志，就必須創造形式來隱匿這層無理荒謬，我們馬上會發現，這就是超人做的事。藝術是「明確的」幻覺——我們可以說，藝術是幻覺的平方，它既是宇宙中恐怖的（非）真實的症狀，也是對抗宇宙中恐怖的（非）真實的後盾。藝術涉及雙重欺騙，因為它隱藏了（非）真實，也為（非）真實發聲。藝術的優美形式並未忠實反映宇宙中唯一真實的事物，也就是權力意志，而權力意志並不存在這類的統一性；不過，這股多變的力量本身不過是一種持續掩蓋的過程，它在每個地方與每個時間都以持續比例波動的力量以不同的方式決定自身。吉爾．德勒茲寫道：「生命的活動就像一股虛假、欺騙、掩蓋、迷惑與引誘的力量。但是，為了讓這股虛假的力量產生效果，我們必須對這股力量加以揀選、加強或重複，以此使其昇華為更高的力量。」[30]而負責擔起這個任務的就是藝術。

從這個意義來說，藝術是幻覺：是對謊言的祝聖儀式。然而，藝術也不

---

30 Deleuze, *Nietzsche and Philosophy*, pp. 102–3.

只是幻覺，因為它也是一股轉變的、增益生命的力量，一種豐饒的錯誤概念，藉由這個錯誤概念可以讓我們獲得成長與繁榮。悲劇尤其如此。詭辯家高爾吉亞（Gorgias the Sophist）寫道：「悲劇藉由傳說與情感創造了欺騙，在這當中，欺騙者比非欺騙者更誠實，而被騙者比非被騙者更明智。」[31]對尼采而言，悲劇是一段過程，恐怖可以藉此轉變為不被否定的成功。即使如此，藝術是人類繁榮的手段而非目的本身。在這方面，尼采在美學家中依然是異類，他對藝術作品抱持著毫不隱諱的工具態度。然而，除了提出這種庸俗主義的觀點，尼采也認為宇宙本身就是最大的虛構——一個不斷自我產生、自我建立的人造物，它與自己玩著毫無意義的愉快遊戲，完全不抱任何目的。這個世界是個自我產生的藝術作品，而正是藉由與這個自由的自我生產過程相連結並且成為宇宙的縮影，「超人」才得以支配自身。

「超人」是個英雄式的自我塑造者——一個自我主宰的生物，他為自己打造時髦的、在美學上取悅人的樣貌，以實驗的模式過活，而且只依照自己

31 轉引自 Simon Critchley and Jamieson Webster, *The Hamlet Doctrine* (London, 2013), p. 16.

的原則行事。這個後人類的動物以豐沛的力量與高昂的精神迅速重塑自己，在現實的混亂與自身欲望的不可駕馭上加諸一定的形貌。藉由這種方式，超人迫使自身的混亂變成形式。超人是活得神采飛揚的藝術品，他集藝術家、人造物與原材料於一身；與其他美學創造一樣，超人的存在完全沒有基礎。超人就像齊克果的信仰騎士，是碩果僅存的人類，有勇氣從事最危險的任務——也就是個體化。如易卜生《布蘭德》裡的人物所言，要毀掉一個人，最確切的方式就是讓他成為一個個體。

漢斯・費英格（Hans Vaihinger）曾頗具影響力的作品《「彷彿」哲學》（*The Philosophy of 'As If'*）深受尼采的影響，該書把觀念視為為生存意志服務的工具。[32]根據費英格的看法，這類觀念的性質是虛構的，但起源則具有生物性。這些觀念提供我們的不是客觀真實，而是為了更有效率地克服世界所需的配備。因此，這些觀念與喬治・索雷爾（Georges Sorel）《論暴力》（*Reflections on Violence*，1908）裡的神話有關聯，這裡的神話指的是大量的

32 見 Hans Vaihinger, *The Philosophy of 'As If'* (London, 1924).

意象，這些意象實際的真假並非重點，真正重要的是這些意象藉由象徵形式表現一個群體的集體經驗，並且藉此激勵群體做出多產的行動。然而，對索雷爾而言，這不是指真實彷彿正耐心地站在一旁，等待自身的象徵表現；而是象徵表現催生了真實，正如對王爾德與葉慈（W.B. Yeats）來說，我們是在戴上面具之後才成為我們自己。在這類虛構中，索雷爾認為最重要的是政治叛亂與大罷工的觀念，這些想像的虛構，「光是藉由直覺，就能在做出任何思考分析之前挑起群眾情感，使其構成個別的整體，並且符合由社會主義發起的反對現代社會的各種面向的戰爭」。[33]索雷爾表示，「這些神話並非對事物的描述，而是表達採取行動的決心」，因此沒有人能提出反駁。[34]

批評家瑞恰慈（I.A. Richards）在《孟子論心》（*Mencius on the Mind*, 1932）中提出類似的觀點，他表示，我們可能被迫「為了良好秩序的社會與合理不揮霍的生活而對人性做出虛構描述以作為科學心理學的補充」。[35]瑞

---

33 Georges Sorel, *Reflections on Violence* (New York, 1947), p. 35.

34 Ibid., p. 133.

35 I.A. Richards, *Mencius on the Mind* (London and New York, 2001), p. 66.

恰慈在別的作品裡寫道，「少了神話，人只是沒有靈魂的殘酷動物」。[36]瑞恰慈的弟子燕卜蓀表示，現代的問題在於「真實的信仰使人們無法正確地行動；我們思索時不能沒有言語上的虛構；這些虛構不能當成真實的信仰；這些虛構必須獲得嚴肅的對待」。[37]華萊士・史蒂文斯（Wallace Stevens）寫道：「最終的信仰是相信虛構，你知道那是虛構，別無他物。完美的真實是知道那是虛構，而且你衷心相信它。」[38]海德格晚年時又把這個說法往前推了一兩步：非真實比真實更原初，如果真實因為揭露或顯露而被看見，那麼在此之前一定先存在著封閉與隱匿。不透明的、難以穿透的「大地」，是可理解性開啟的基礎，而可理解性的開啟就是「世界」。傳統認為真實先於虛假，因為唯有透過前者，我們才能辨識後者——這個觀點立刻遭到了否定。然而，我們還是要問，在未訴諸某種真實概念之前，我們一開始如何看出隱匿。[39]

36 I.A. Richards, *Coleridge on Imagination* (London and New York, 2001), p. 134.

37 William Empson, *Argufying: Essays on Literature and Culture* (Iowa City, 1987), p. 198.

38 Wallace Stevens, *Opus Posthumous* (New York, 1957), p. 163.

39 見 Martin Heidegger, 'The Origin of the Work of Art', in David Farrell Krell (ed.), *Martin Heidegger: Basic Writings* (New York, 1977).

葉慈、王爾德、索雷爾及他們的同僚從一致性的真實轉變為本真性的真實。忠於事實逐漸讓位給忠於自我。然而，如果自我反覆無常且不穩定，如同傾向尼采的王爾德說的那樣，那麼就很難確知該忠於哪個自我。今日的真實不是昨日的真實。之後，隨著後現代思想的來臨，似乎沒有任何事物比本我更來得虛假。然而在此同時，亞瑟．米勒《臨橋望景》裡的主角也宣稱自己雖非「純粹善良」（根據某種意義上屬於客觀的標準來衡量），但卻是「如假包換的自己」，彷彿做自己毫無疑問是一項美德。在一個道德相對的世界裡，要緊的不是你投入的心力，而是你對投入的堅持。拒絕放棄你的欲望，即使欲望已經逼迫你走到死亡的邊緣，這種做法已經成為絕對價值的新形式。重點是必須走到底，而不是你走的方向。這是一個形式主義的例證，[40] 我們已經看到這種例證出現在我們這個時代現實界的拉岡倫理學中。這種例證的惡魔版本是赫爾曼．梅爾維爾（Herman Melville）的艾哈布船長（Captain Ahab）。這是個適合於民主時代的看法，因為你不需要成為一個永不屈服的

40 Though one on which I naively heaped unqualified praise in my first book. See Terence (sic) Eagleton, *The New Left Church* (London, 1966), ch. 1

半神或大公爵。此外，在民主時代政治中，重要的不只是可能造成災難的決策內容，還包括是由我們來做決策。同樣的精神也表現在康德的倫理學上。

傳統的道德規範仍具有權威，但時至今日卻與較傾向於存在主義類型的倫理學產生衝突。要是客觀上良善的事物，對你來說並非良善呢？如果要求你忠於自己的力量逼迫你嘲弄正統道德呢？羅伯特·波爾特（Robert Bolt）《良相佐國》（*A Man for All Seasons*）中的托馬斯·莫爾（Thomas More）在戲裡採取了類似存在主義風格的行動以符合劇本寫作時的原則，這就像實際歷史上的莫爾採取的行動合乎上帝的律法與自身的政治責任。尚·阿努伊筆下的安蒂岡妮懷疑自己可能基於自身的理由埋葬自己的兄長，而不是出於對諸神的尊敬或親族的要求。現在，隨便從街上找個人，並且讓她走入極端，就可以成為悲劇主角。原則上，誰都可以成為雷昂提斯（Leontes）或美狄亞（Medea）。在這些看法的背後潛伏著現代主義偏見，認為日常存在不可避免是妥協的，唯有瘋狂或暴力的行動——某種令人震驚的顯現、荒謬的動作或毀滅性的揭露，某種本身最終也會被吸收到無靈魂的日常邏輯中的行為——可以打破這個令人麻痺的例行公事。唯有將事物逼到極端，它們才會露出真實的本質，而結果往往十分可怕。審慎與節制本身需要某種道德力量，在陷入極端時往往被拋在一旁。

根據黑格爾《美學》的說法，現代悲劇的典型特徵，在於悲劇人物的內心有一股堅定忠於自我的驅力。由於這種單方面的想法無法與社會整體相妥協，因此必然導致自身的毀滅。同樣地，拉岡派精神分析學家賈克－阿蘭・米勒（Jacques-Alain Miller）認為悲劇的存在模式是堅定地忠於主人能指（master signifier），而主人能指能讓一個人的生命獲得意義與一貫性。[41]這是典型的現代主義意識形態，如同約瑟夫・康拉德的小說顯示的。我們忍不住讚揚吉姆爺（Lord Jim）堅持純粹自我展現的理想——他深信在某種行為的願景下可以完整地實現自我。如果這是一種我們這樣的生物才會有的幻象，它就像時間、機會與偶然性一樣奴役我們，那麼這樣的幻象也是一種崇高的幻象，它所提供的材料可以建構起整個帝國。或許，遭受欺騙而成就英雄事業，要比眼睛雪亮卻過著平庸的日子要好得多。

---

41 See Žižek, *The Fragile Absolute*, p. 40.

正如真實本身充滿了幻覺，幻覺本身也顯示了某種真實。《吉姆爺》的敘事者評論說：「我被要求去注視潛伏在所有真實中的常規，以及存在於虛假中的誠摯。」事實上，文學虛構本身就是真實謊言的例證——當敘事者描述吉姆的事業時，「真實也在幻覺中被揭露了」。帶有形上學心靈的商人史坦（Stein）評論說：「生下來墜入夢中的人，就像掉進海裡一樣。如果他想浮出海面呼吸的方式跟毫無經驗的人一樣，那麼他會溺死……不，我告訴你！得救的方式是順從那些毀滅的因子，在水中伸展你的雙手與雙腳，深沉的海水自然會讓你浮上來。」唯有擁抱現實界的嵌合性質，你才能生存下去。朝上方真實知識的空氣胡亂摸索，以為這麼做可以擺脫困境，最後只會招致毀滅。之後史坦又將他的建言重新整理一次，卻顯得有些陳腐，宛如好萊塢電影的台詞：「跟隨你的夢，然後還是跟隨你的夢……」

這個例子與現成的美國意識形態不同的地方，在於夢本身的曖昧性格，它可能造成毀滅，也可能激勵人心。《大亨小傳》（*The Great Gatsby*）也是如此。「吉姆是浪漫的——浪漫的，」史坦評論說：「而那是非常糟的——非常糟的……但也非常好。」世上不存在沒有瑕疵的理想，也不存在無可爭辯的真實，然而一旦我們承認這點，我們就會衰亡。如同康拉德自身的描述，夢境既鮮明又稍縱即逝，既朦朧不清又可感知。《吉姆爺》的敘事者評論說，要擺脫幻覺，就要過著體面、安全而單調的生活。現實主義對你不是件好事。就連《黑暗之心》（*Heart of Darkness*）那位令人難以啟齒的庫爾茲（Kurtz）也因為他無懼地凝視狄俄倪索斯深淵的方式而贏得一定程度的尊敬，並且與天真的社會改革家與中產階級郊區虛有其表的人士形成強烈的對比。在這部中篇小說的末尾，敘事者提供庫爾茲的未婚妻一段虛構的內容，讓她的餘生都能從中獲得安慰。

如果康拉德是一名悲劇作者，那是因為除了其他一些原因外，生命謊言是毀滅性的，也是不可或缺的。在他最好的作品《諾斯特羅莫》中，幾乎所有高尚的理想都是被崇高化的自私形式，急就章地掩飾了物質利益。公共的利他主義，偷偷地為私人的利己主義服務。諾斯特羅莫自己一直是個自我理想主義者，但其實內心空洞無物，他是典型的虛構之物，從他的名字可以看出他只存在於追隨者肯定的目光之中。那些放棄理想的都是無信仰的唯物主義者，他們唯獨不會對於他們反對的幻想感到悲傷。馬丁．德庫德發覺愛國主義、自由與社會秩序的號召不過是掩飾物質剝削的面具，這個難以反駁的判斷反映了小說本身的觀點；但這名巴黎的業餘文藝愛好者卻被遺留下來，在滿心懷疑中死去。德庫德只存有一個妄想，那就是他對安東妮雅（Antonia）的愛；但他意識到這個妄想的空虛，這是在全書脈絡下，一個人眼睛最雪亮的時刻。莫尼格姆醫生（Dr Monygham）是個厭世者，他被剝奪了所有關於人類的虔誠錯誤概念；但這樣的結果至多只是合理化個人的失敗，因為早在事業之初，他就已經遭受拷問的打擊。懷抱著崇高原則的古爾德（Gould）宣稱「自由、民主、愛國主義、政府——這一切全帶有謀殺與愚蠢的味道」。然而雖然社會秩序可能從本體論來說毫無根據，但從政治上來說依然不可或缺。無論是懷疑主義者還是理想主義者，都不存在堅實的立論基礎，誰也沒能占到上風。像喬吉歐．維奧拉（Giorgio Viola）這樣的老義大利共和派人士，腦中一直縈繞著政治解放的神話，他們就跟索蒂優（Sotillo）與蒙特洛（Montero）這些只靠權力來維繫生命的殘忍投機分子一樣盲目。

康拉德的《間諜》（*The Secret Agent*）也出現類似的模稜兩可。日常的世界是骯髒而腐敗的，但試圖以理想之名轉變這個世界的無政府主義者，要不是瘋狂就是有害。這是在破敗但穩定的英國常態與充滿魅力但令人厭惡的歐陸虛無主義之間的選擇。除了這兩者，讀者沒有別的可能。真實帶來破壞，但虛假意識對此只能提供無力的防護。溫妮・維爾洛克（Winnie Verloc）的丈夫是一名殺死孩子的兇手，身為配偶，溫妮長年受苦。在她的身邊一直圍繞著諜報活動、恐怖主義、陰謀與色情事物，她認為，生命是禁不起注視的。在康拉德的《吉姆爺》中，馬洛（Marlow）若有所思地說：「我們經歷人生的過程中，總是眼睛半閉，耳朵裝聾，讓自己的思想遲鈍，這真是很不尋常。但這樣也好，正是因為反應遲鈍，才讓無數大眾覺得生活是過得去的而且還不錯。」康拉德《颱風》（*Typhoon*）裡的麥克惠爾（McWhirr）也是如此，缺乏想像力反而使他安然度過風暴。

溫妮就跟一般的群眾一樣，對他們來說，知識與幸福是不相容的。意識更像是一種自我保護，而非自我察覺。她在小說中唯一一次做出屬於自己的行動（將刀子插進丈夫的胸口），宛如現實界從她的日常經驗深處散發出來一樣，這是為什麼——如同吉姆爺無恥地從帕特納號（Patna）跳船逃生——

敘事無法直接呈現這一幕的原因。純粹自由或決定的時刻，完全落在再現的框架之外。

索福克勒斯筆下的伊底帕斯帶有一種佛洛伊德學者所說的學習癖，或者說貪婪學習知識的驅力。正因為他拒絕放棄探索自身不正當的起源，才導致了自身的傾覆。對比之下，伊底帕斯的妻子柔卡絲塔則沒有這種容易招惹麻煩的熱情。相反地，她相信丈夫的頑固可能損害象徵界的基礎。如果存在求知的欲望，那麼也存在遺忘的意願：

> 最好的生活就是日復一日地努力生活。
> 毋需為娶母的事煩憂；
> 許多男人都曾做過這樣的夢。
> 這樣的事必須遺忘，如果日子還要過下去。

亂倫的念頭很普遍，但真正能讓我們將亂倫拋諸腦後的是刻意養成的失憶。我們已經提過，同樣的狀況也出現在政治國家上。柔卡絲塔相信可以讓自己生活在謊言裡，或至少一廂情願地壓抑真實。從這方面來看，柔卡絲塔是古代版的溫妮．維爾洛克。就像柔卡絲塔是同一個人的妻子與母親，溫妮也擔負起照顧弟弟的母親角色，而她的弟弟最後被恐怖分子的炸彈炸個粉碎。如同革命的暴力，血親關係的混亂構成對象徵界的攻擊，而且帶有一點死亡的氣息。

戲劇角色本身就是虛構事物，而戲劇本身則是最多產的一種虛假。莎士比亞的戲劇經常反映自身的戲劇性，而且讓幻覺與飾有幻想的現實相互映襯，又或者將某個想像世界套疊到另一個想像世界之中，形成令人目眩的「紋章中的紋章」（mise-en-abîme）。劇作也許會以夢境、故事或喜劇的方式呈現，預期自身的喜劇結尾（《終成眷屬》〔*All's Well That Ends Well*〕）或暗示劇作藝術的無謂本質（《第十二夜》、《皆大歡喜》〔*As You Like It*〕、《無事生非》〔*Much Ado About Nothing*〕）。我們曾經提過，儘管哈姆雷特對戲劇有興趣，但他卻是個冷淡的演員，他無法遵循劇本演出，而且有著過於焦躁的自我意識，無法投入分配給他的復仇者角色。對比之下，奧賽羅與科里歐雷納斯則是太傑出的演員，他們無法走出被仔細自我編寫過的角色，因此無法在聚光燈下進行諷刺的自我反思。奧賽羅用渾厚的嗓音進行演說，彷彿他已在翼樓反覆練習了好幾次（他的表現讓演說平淡無奇的伊亞戈〔Iago〕感到噁心），他尤其對優美精鍊的詞句與戲劇性的姿態動作有著演員般的鑑賞眼光。里維斯（F. R. Leavis）因此描述奧賽羅的自殺「是個絕妙的劇情轉折」。[42]

唯有藉由面具、謎語、比手畫腳的文字猜謎、文字遊戲與角色扮演，才能讓發瘋的李爾王與因悲痛而發狂的格洛斯特恢復理智。當真實本身變成欺騙的時候，唯有混合了幻覺的順勢療法，並且添上愚人與瘋子的陰謀，才有希望恢復原狀。在路伊吉・皮藍德羅（Luigi Pirandello）的《亨利四世》（*Henry IV*）中，主角裝瘋賣傻是為了對他認為的日常生活的瘋狂愚蠢做出批判。《暴風雨》（*The Tempest*）這個書名稍微帶有一點雙重性，因為我們在劇作一開始看到的暴風雨，很快就被揭露為藝術作品，而非自然的造化。就像所有真正的人造物一樣，普羅斯佩羅（Prospero）的魔法島嶼是一個自知毫無存在

42 F.R. Leavis, *The Common Pursuit* (London, 2008), p. 152.

基礎的幻覺，而這場戲只有當觀眾意識到這件事並且爆出如雷掌聲後才告落幕。當《馬克白》尋求一個本體空虛的意象時，戲劇便成了這齣戲尋找的事物。然而，由於戲劇是一種幻覺的平方，一種意識到自身的類似性的類似，因此戲劇能反映出虛偽意識的本質，而不只是為虛假意識增添一個例證。藝術是讓人類存在中缺乏根據的本質面對自身的地方。就這個意義來說，藝術一方面比它所處的世界更真實，另一方面也更不真實——一個認為自己立足於堅實大地的世界。

最純粹的幻覺形式或許就是權力。專制君主是一名巫師，只要心念一轉，他的世界就會神奇地順從。這是卡爾德隆《人生是一場夢》（*Life Is a Dram*）的主題，這部劇作的主角塞吉斯蒙多（Segismundo）穿梭於幻想與現實之間，最後他逐漸了解過著屬於自己的生活就是過著諷刺的生活，他察覺到人類事務的轉瞬即逝與飄忽不定（尤其是政治的無上權威），堅信凡是能正視人世本質是脆弱的人永遠不受欺騙。想要真正地除魅，就要知道人生實際上是由幻想框架出來的，這樣的洞察可以激勵你多帶點同情來緩和自身的傲慢。知識論因此成了倫理學。一旦我們坦承我們珍視的事物不可能長存於世（用塞吉斯蒙多的話來說），我們擁有的事物只不過是暫存在我們身邊，我們就能免於焦慮與貪得無饜，而能過著更多產的生活。要活得豐富充實，就要活在死亡的陰影下。我們可以拿這種清晰的願景與席勒筆下華倫斯坦的神祕心境做個對比，後者就像奧賽羅一樣，堅持自我欺騙直到最後。

我們也想到易卜生筆下充滿願景的理想主義者，他們以自由、真實與歡愉為名，不願面對各種否定生命的說法。然而，我們已經提過，易卜生人物的理想總是沾染汙點。這些理想因為宣揚者的傲慢、不切實際、天真、精神菁英主義、倔強、急躁或福音派的自以為是而蒙塵。從布蘭德與湯瑪斯・斯塔克曼（Thomas Stockmann）到希妲・加布勒與希爾德・凡格爾，這些易卜生主角都加入了從安蒂岡妮以降的傳統，他們都被自我核心的那股不可屈服的要求驅策著走向極端。如果這些鄉土「超人」採取的行動擁有一種美學上的活力或誇耀，那麼我們也將察覺這些懷抱願景的人其實與狂妄的自我主義者不太容易區別，而這些具有創造力的違法者也跟純粹的犯罪者沒什麼不同。《人民公敵》的斯塔克曼鼓起勇氣準備為了捍衛真實不惜與全世界對抗，而為了這麼做，他隨時願意將整棟腐朽的社群建築物夷為平地。斯塔克曼認為，一般民眾是動物而輿論本質上毫無價值。在易卜生的作品中，幾乎沒有個人團結起來針對社會病症做出回應的概念。相反地，人們必須為社群的靈魂而戰，因為人們對於社群幾乎只剩下輕蔑。對許多現代主義藝術家來說，政治是問題的一部分，而非解藥。

抽象的理想主義與頑固的現實主義，兩者的結合是中產階級社會常見的特徵。馬克思對於中產階級理想並不是那麼反對，他認為絕大多數的中產階級仍是可敬的，因為他們存在的狀況使他們無法獲得理解。中產階級注定要緊鄰著難以馴服的現實。理想與現實的差距是結構性的，而非偶然性的。馬克思認為，浪漫主義與功利主義是一體兩面。我們在易卜生的戲劇中發現的正是這種矛盾的共存。在《野鴨》（*The Wild Duck*）中，自以為是且愛管閒事的改革者格瑞格斯．韋爾勒（Gregers Werle）頑固地追求真實而拆散了一個家庭。韋爾勒心中認為的理想，在比較傾向於實用主義的雷靈醫生（Dr Relling）眼中完全是謊言。真實是一件被迷戀的物品，像暴君一樣宰制著人類的血肉。《約翰．加布里埃爾．博克曼》的威爾赫姆．佛達爾（Vilhelm Fodal）哀嘆說：「我因為幻想而毀了自己的人生。」（第二幕）但雷靈自己並不討厭傳播幻覺，前提是這些幻覺必須能保護生命。他反對韋爾勒是因為韋爾勒宣傳的虛構可能在無情的索求下摧毀男人與女人，而非幫助這些精神平庸的生物度過難關。所以雷靈鼓勵亞爾瑪爾．埃克達爾（Hjalmar Ekdal）相信自己有成為偉大發明家的潛質，在此同時，他也說服他的放蕩朋友莫爾維克（Molvik）相信自己是個被魔鬼附身的人而非酒鬼。

因此，雷靈把他平凡無奇的生命謊言與他眼中韋爾勒的致命幻想對立起來。在他看來，格瑞格斯激昂的良知不過是一種需要治療的疾病，只不過在形式上稍微講究一點，因此，就像哈姆雷特一樣，我們很難判斷格瑞格斯代表的是一般疾病的解藥，還是說他本身就是疾病的一種症狀。或許格瑞格斯所肩負的剝奪他人鴉片劑的使命，其實是他自己的生命謊言形式。非真實就存在於他追求真實的熱情上。奧古斯特．史特林堡《死亡之舞》（*Dance of Death*）裡的砲兵上尉評論說，「當有這麼一刻，發明的能力終止了，那麼現實就會赤裸裸地顯現出來」（第三幕）。然而，要是這個赤裸的狀態其實只是另一個人造物呢？韋爾勒的堅定贏得一些尊敬，但這名理想主義者可能是想利用他人來達成自己的目的，就像易卜生筆下的律師與製造商隨時想為自己的利益而將同鄉民眾放到祭壇上宰殺。願景者與懷疑者其實是相似的，因為他們都認為一般民眾沒有能力追求真實。諷刺的是，雷靈在貶低群眾上與韋爾勒是一樣的。這兩個人與先知型人物如約翰・羅斯默和卡斯騰・伯尼克不同，後者相信民眾有接受啟蒙的可能。對尼采而言，真實可能致命，但也能解放，不過尼采不太願意承認這件事。

如果真實是一個矛盾的事物，那是因為有太多不欲人知的祕密正等著被揭露，特別是那些來自虛假意識戰場的祕密，例如家庭。從《伊底帕斯王》到《推銷員之死》（*Death of a Salesman*），家庭一直是個真實經常遭到壓抑的地方。悲劇藝術的傳統地點——戰場、貴族家庭、皇室宮廷——到了現代雖然改變成所謂的資產階級家庭，但依然充斥著衝突、出賣、專制與叛亂。家庭這個中產階級社會的基本單位是心靈折磨與犯罪惡化的地方，但另一方面，公共領域卻不斷高唱家庭和諧與婚姻美好的讚歌。《玩偶之家》的不健全家庭是個好例子。亞瑟・米勒《推銷員之死》那位因為幻滅而說出真話的畢夫・羅曼（Biff Loman）抱怨說：「在這個家裡，我們從未花十分鐘說真話！」在後英雄時代，悲劇不再需要魔鬼與半神來充場面。相反地，難以形容的強烈情感依然可以在最受尊崇的悲劇制度核心找到。這是為什麼神話的結束或公共領域的衰微未能預示悲劇死亡的原因之一。

於是，真實與自由的理想比以往更為堅定；然而，這些理想可能跟它們試圖揭露的欺騙一樣具腐蝕性。莎拉・肯恩（Sarah Kane）《菲德拉的愛》（*Phaedra's Love*）的一個人物警告說：「如果真實是你的絕對，那麼你就死定了。」祕密與自利會導致虛假，但有原則地反對祕密與自利也同樣免不了虛假。無論如何，要聽懂像湯瑪斯・斯塔克曼這種資本主義下經過崇高化的日常生活個人主義人物的說詞並不難。作為一種精神進取形式，這類說詞反映了人物試圖維護的社會秩序。在這些堅定的道德主義者中，中產階級社會針對他們追求自由時產生的較不愉快的結果進行抗爭。無論如何，在激進的理想與墮落的現實之間並不存在簡單的對立，尤其因為在易卜生時代的挪威，資本主義仍是新生而有活力的事物，而且是以革命的力量出現。事實上，資本主義可以在比較熱心的支持者身上激發出關於和平與繁榮的詩意夢想。因此才有《社區之柱》的船運大亨卡斯騰・伯尼克以及前銀行家約翰・加布里埃爾・博克曼以崇高的願景者語氣提出他們的產業發展計畫——大片的林地將被開發，富礦將被開採，埋藏在地底深處的礦脈「正伸出它們彎曲、分支與歡迎的手臂」（第四幕）。這是歌德的浮士德晚年從事實業時表現的英雄與轉變世界的精神，而與狄更斯的莫德爾（Merdle）或左拉（Zola）的礦場主無關。

談到多產的虛假，易卜生的戲劇特別地多層次。除了日常生活的謊言——就中產階級社會的欺騙與託詞來說——還有讓存在或多或少可以忍受的生命謊言。然後還有理想，理想可能是致命的或解放的，或者兩者皆是。如果誠實這個從根本重建人類生活的必要之物，本身對人類的福祉也是致命的，那該如何是好？理想最終可能是個有毒的幻想，更崇高的生命謊言版本也可能是如此。如果瑞恰慈是對的，那麼以上所言就不會是事實，瑞恰慈認為，在悲劇中，「心靈不逃避任何事，不用任何幻覺來保護自己，昂然而立，毋需撫慰、不生畏懼，孑然一身，自給自足」。[43]就像柏克曼的例子一樣，生命謊言與理想可能共存，博克曼夢想一個光輝的未來，但他錯誤地相信曾

43 I.A. Richards, *Principles of Literary Criticism* (London and New York, 2001), p. 217.

遭自己毀滅的人會協助自己復歸。或者，理想有可能半真半假。理想可能真實但卻專橫，可能符合公義但卻毫無趣味，麗貝卡・魏斯特（Rebekka West）就是這麼看待羅斯默對於其他民眾進行啟蒙的計畫。

易卜生的作品引發了一連串問題，這些問題持續在現代戲劇迴盪著。即使你追求的目標是個幻覺，你對此依然堅定不移，這麼做是否真有價值？如果人們覺得你的要求太嚴厲，你是否該調整你的要求，又或者極端的虛假是否需要過當的糾正？你是否獲得允許去戳破別人安撫人心的美夢，如果這是唯一能在他們腳下建立真實基礎的方式，又或者這其實是最有害的幻覺？瑪莉蓮・羅賓遜（Marilynne Robinson）《家務》（*Housekeeping*）的敘事者毫不隱諱地說出進退兩難的局面，「或許不被迷惑是好事，不過或許也不是」。史特林堡《父親》的騎兵上尉抗議說，「你跟我還有其他人像孩子一樣糊里糊塗活到這個歲數，腦子裡滿是幻想、理想與幻覺……然後我們醒了；是的，也許，但我們的腳踩在枕頭上，而叫醒我們的人自己正在夢遊」（第二幕，第五場）。一般認為上尉的評論指的就是易卜生。

與易卜生同時代的安東・契訶夫（Anton Chekhov）筆下的人物常常被

認為處於六神無主的狀態，要不是在過去與未來之間擺盪，就是深陷於感傷的幻覺之中。雷蒙德．威廉斯在《從易卜生到布萊希特的戲劇》（*Drama from Ibsen to Brecht*）提到這些人物，認為他們深陷於彼此連鎖的幻覺之中，無法做出任何我們覺得有結果的溝通。但是，這個判斷需要做一些修正。萬尼亞舅舅（Uncle Vanya）評論說，「當人們沒有現實生活時，只能靠自己的幻想過活」，而在劇作裡確實有這樣的人物：舉例來說，《三姊妹》（*Three Sisters*）的托岑巴赫（Toozenbach）為了讓自己毫無意義的存在獲得意義，於是簽約在地方磚廠工作，托岑巴赫引發的感受，與哈羅德．品特（Harold Pinter）《守門人》（*The Caretaker*）中計畫向希德卡普（Sidcup）拿回文件的戴維斯（Davies）頗為類似。《三姊妹》存在著大量的自我欺騙。然而，我們已經提過，契訶夫的一些人物已經諷刺地意識到自身的狀況，像易卜生筆下那些傳布幻想並且活在自私虛構中的人並不多。這些浪蕩者與性情古怪之人雖然沉溺於臨時起意與一廂情願，但幾乎沒有人是生命謊言的囚徒。無論如何，契訶夫的世界只適合在微光下活動，無法承受布蘭德或博克曼的強光。悲劇對於這個昏暗而偏差的領域來說是過於僵硬的形式，這個領域的基調應該是自我懲罰而非自我欺騙。

伊凡諾夫（Ivanov）充滿了自我嫌惡，而《海鷗》（*The Seagull*）的特雷普里歐夫（Trepliov）則指控自己在夢的世界中載浮載沉。《萬尼亞舅舅》的阿斯特羅夫（Astrov）宣稱他與同伴的處境毫無希望可言，眼界狹小的外省生活毒害了他們，使他們的血液變得腐臭。《三姊妹》的維希林（Vershinin）認為幸福遙不可及，而且懷疑自己與同伴都將遭到遺忘，而切布提金（Cheburykin）則感到納悶，是否他們從一開始就不存在。《櫻桃園》的琉波芙・安德里伊夫那（Liubov Andryeevna）是一名地主，她很清楚自身奢華的生活將導致毀滅。這是個呈現出自身衰微的社會階級。事實上，這個社會階級令人驚奇地洞察到自身的道德破產，即便這種沉思的自我意識也是這個階級的病症之一。最常見的契訶夫式虛構，如《櫻桃園》的特洛菲莫夫（Trofimov），就是想鼓動人心，規勸大家去工作。特洛菲莫夫嘴上說得好聽，其實心裡很清楚文明的存在並非建立在勞動，而是建立在剝削上，劇作中有許多人慷慨激昂地誦唸讚揚辛勤美德的抒情詩，但這些人很少被人看到拿起鏟子做事。

與辛格所有劇作一樣，《西方世界的花花公子》（*The Playboy of the Western World*）展現了不尋常的華麗語言；但與辛格其他劇作不同的是，這部作品也是一部「關於」語言的戲劇——關於語言的力量與語言的無能，語言產生幻覺與轉變現實的能力，以及談論語言的表現功能而非語言的再現功能。在一個貧困的民族裡，說話是最不用花錢的方式，克里斯帝（Christy）追求佩金・麥克（Pegeen Mike）時的花言巧語——在愛爾蘭文學中時常可見——為日常生活的無聊與貧瘠提供了些許補償。辛格劇作中熱情洋溢的話語，與話語內容之辛辣大相逕庭。有史以來最著名的愛爾蘭劇作《等待果陀》（*Waiting for Godot*）的主要人物，在生命謊言呈現荒蕪的狀況下尋求慰藉，救主即將到來，但我們都知道，祂的到來可能是一場災難，如果這一切真的實現的話。在之後的愛爾蘭劇作中，布萊恩・弗里爾（Brian Friel）的《翻譯》（*Translations*）提到德尼戈爾（Donegal）愛爾蘭語社區的一名成員，他擺脫貧困與殖民壓迫，懷抱著古典上古時代的夢想，自豪地宣稱他即將迎娶雅典娜（Pallas Athene）。這類幻想一直是愛爾蘭戲劇周而復始的主題，肖恩・奧凱西（Sean O'Casey）的《朱諾與孔雀》（*Juno and the Paycock*）也是如此。

辛格劇作裡的村民由於對膽怯的克里斯帝殺害父親的事深信不疑，於是便將自身的幻想投射到這起被信以為真的弒父兇案上；然而，這起虛構卻成了一個具生產力的虛構，主角認真看待這虛假的一切，他說話像個詩人，而且令人吃驚地展現出勇武矯健的一面。因此，問題（如佩金所言）不在於光榮的故事與惡劣的行徑之間的衝突，而在於神話以何種方式彌合兩者，並且以自身的形象重塑現實。或者，如克里斯帝自己說的：「今日，透過謊言的力量，你們想把我塑造成偉大的人物。」由於事實上他並未殺死自己的父親（我們可以說，伊底帕斯也是如此），因此他成了與預期有落差的人物；但是，隨著劇情發展，幻覺也開始帶有一定程度的真實，因此到了最後，克里斯帝刺進父親的墳墓，象徵性地表示他刺殺了父親，以此讓他的父親重生成為他的朋友與同伴。在此同時，他也拋棄那群被他欺騙與曾經庇護過他的夢想家——這些男人與女人一開始依照他們自己欲求的形象來重塑他，之後發現他並不能帶來更進一步的治療功效，於是便驅逐他。

然而，諷刺的是，村民真的將克里斯帝變成一名英雄，不過方法並不是提供一個虛假版的克里斯帝。這件事發生在克里斯帝逐漸承認這段神話的實情之時，他了解到這群懦夫、諂媚者、霸凌者與操縱者的肯定並不值得擁有，他其實光憑自己就有能力找出自己的意義，而他也藉此能夠在較為平等的基礎上與自己的父親相見。拒絕讓自己的行為被英雄化，反而讓克里斯帝成為真正的英雄。現在，克里斯帝擁有一則可以讓他在餘生講述的故事，只不過不再是殺死父親的荒誕故事。而是「這則」寓言——這部劇作表現的這則敘事，亦即他在這群貪得無饜、懦弱、暴力、性壓抑的男女之間冒險的故事——如克里斯帝的父親所言，一則描述「梅奧郡（Mayo）惡行與當地蠢人」的寓言，而就這一點來說，它也是一則反映完整社會現實基礎的傳奇故事。幻覺被轉變成能出產生命的虛構，村民們卑鄙的行為協助克里斯帝變成一個比最初偶然闖進低級酒館的他更值得稱讚的年輕人。

馬丁與瑪麗．都爾是辛格《聖者之泉》中的盲人乞丐，他們的視力因奇蹟而恢復；但在看到周遭醜陋與邪惡的事物，特別是彼此可憎的面容時，他們決定還是當盲人好。這裡的關鍵區別是被迫活在幻覺中與主動選擇這麼做。從失明中重見光明的人，能比明眼人看得更清楚，「對此視而不見，與瞎子無異」，馬丁評論說。這對夫婦現在能更清楚地感受到其他人是怎麼試圖欺騙他們的，當他們了解一切之後，他們恨不得再度活在黑暗之中。「真是怪事，看得見東西居然會讓人如此心煩意亂。」馬丁·都爾若有所思地說。即使如此，這對夫婦現在已經了解了一些事，足以彌補他們過去的無知。意識到周遭的人都在說謊欺騙他們，他們於是像克里斯帝·馬宏（Christy Mahon）一樣選擇離開這個兩面世界，儘管如此，他們對於即將拋棄的事物卻是看得清清楚楚。就像伊底帕斯一樣，他們選擇眼盲，因為他們已經洞悉一切。

在尤金·歐尼爾的《長夜漫漫路迢迢》（*Long Day's Journey into Night*）中，有毒癮的妻子與母親瑪麗·泰隆（Mary Tyrone）同樣也是自欺，但不像都爾夫婦那麼偏執。她不願面對自己的毒癮，也不願面對兒子埃德蒙的病症。她的丈夫詹姆斯·泰隆（James Tyrone）不願承認自己酗酒——與他染上酒癮的兒子埃德蒙不同，詹姆斯不解如果人生可以逃避，為什麼有人想面對真實的人生。他表示，他們活在一個真實並不真實的世界。籠罩著泰隆家宅的濃霧，作為隱匿的象徵實在過於顯眼，它形成虛假的表象，讓人隱遁到私人的幻想中。

歐尼爾另一部比較不傑出、層次不分明而且稍嫌冗長的劇作《送冰的人來了》（*The Iceman Cometh*），是極少數以劇作標題著稱的作品。推銷員希爾多爾．希基（Theodore Hickey）充滿熱忱，他最近剛轉變成支持說真話的人，而且開始要求周遭遊手好閒與陳天喝酒的人放棄做白日夢，他相信擺脫虛假的欲望可以帶給他們心靈的平靜。賴瑞．斯雷德（Larry Slade）是一名幻滅的前革命分子，現在已經成為一名職業的厭世者，他輕視真實觀念，而且什麼都不做，只是靜待死亡到來，然而即使像他這樣的人，也無法逃脫希基的救贖計畫，因為希基認為他的虛無主義不過是另一種生命謊言。輕蔑生命，卻又不願終結自己的生命，這名「咆哮著要長眠地下的傢伙」只是想合理化自身的恐懼與失敗。「你最終可以放過你自己，」希基規勸他的酒友：「讓你自己沉入海底，就此安息。你什麼地方也不用去。也不會留下什麼該死的希望或夢想糾纏著你。」然而，還有一兩個朋友依然不信。「我看過許多下定決心滴酒不沾卻差點丟了性命的例子，」其中一個人說道：「他們最後全活了過來，而且喝得跟以前一樣兇。」

因此，希基是為這些長期自我欺騙的人開藥方的送冰者，他認為活死人是唯一的治療之道。唯有死人或完全冷漠之人才能免於幻想。然而這個希望也同樣禁不起質疑，因為希基自己因為妻子伊芙琳（Evelyn）陷入深愛著他的幻覺中而感到內疚，他為了讓妻子從虛假意識中解脫，竟因此殺了她。為了讓妻子擺脫對自己的幻覺，並且藉此洗清自己的道德汙點，希基一槍打爆妻子的頭。這個處境的難以置信，與這部劇作整體的乏善可陳搭配在一起。由於希基的妻子活著的時候不可能從夢中醒來，因此最好的方式就是確保她永遠不會醒來。也由於希基結束她的生命是為了將她的妄想保留到最後，同時也是為了驅除她的妄想，希基因此取得了雙重勝利。

結果，希基向同事承諾的精神死亡，其根源居然是不折不扣的謀殺。一旦殺妻的罪行遭到揭發，希基的酒友紛紛放棄戒酒，而且再次鑽進他們私人的神話中，他們相信希基一定是瘋了（可能真的是如此）。希基為了終止酒友的白日夢所做的努力，最後反而證明自己的瘋癲。他非但未能讓酒友走出幻想，反而加強了他們的幻想。由於酒友拒絕接受他兜售的真實，他因此與亞瑟·米勒筆下的威利·羅曼沒什麼兩樣。這名送冰人最終也拼命地想取得虛假的安慰——他謊稱自己從未傷害妻子，但實際上卻槍殺了她。與賴瑞·

斯雷德一樣，希基為了對抗自我欺騙而發起的運動，只是為了合理化自身的處境。這部劇作不容許有去除神祕的可能，而去除神祕也可能是一種漠不關心。如果欺騙不算是欺騙，那麼就不可能找到去除欺騙的辦法。

如果《送冰的人》提供給觀眾的唯一選擇是虛無主義與逃避現實，那主要是因為戲中人物的理想毫無價值。易卜生的辯證式願景，也就是理想在奴役一個人的同時，也讓一個人獲得解放，然而這個願景落在他的美國繼承者的領域之外，對後者來說，所謂的願景如今已經消褪成一個小小的白日夢。易卜生筆下那些有缺點的願景者決心摧毀幻覺，為真實與歡愉立下基礎，但對希基來說，唯有死亡，而非生命，才能使人逃離幻想的囚室。另一名同樣野蠻的說真話之人，他首次出現在美國舞台上的時間約略與歐尼爾的主角相同，這個人就是田納西·威廉斯（Tennessee Williams）《慾望街車》（*A Streetcar Named Desire*）的史坦利·科瓦爾斯基（Stanley Kowalski），史坦利決心撕下布蘭奇·杜波伊斯（Blanche DuBois）在華麗描述下冒充上流的虛假外觀。布蘭奇無法忍受在平日白天的光線下被人看見，她全身充滿魅力，是現實主義的死敵。「是的，是的，魔力！」她叫道：「我試著給人們魔力。

我向他們扭曲事物的實情。我不告訴他們真相。我告訴他們應該是真相的事情。」威廉斯《朱門巧婦》（*Cat On A Hot Tin Roof*）也充斥這類空想，這齣哥德式驚悚劇（Gothic horror）顯示波利特（Pollitt）全家對大老爹（Big Daddy）已經罹患絕症的事實視而不見，而大老爹則是對自己四十年來一直遭受謊言的束縛感到作嘔。他酗酒的兒子布里克（Brick）認為「我們生活在一個謊言的體系裡」，並且憤怒地駁斥自己並非同性戀者，但他愛的男人斯基伯（Skipper）卻能夠承認自己對布里克的渴望，只是他最終付出了毀滅自己的代價。

我們曾經提到，賈克—阿蘭．米勒認為悲劇英雄忠於主人能指，而喜劇的主體則將自己等同於拉岡的「小客體 a」（objet petit a）——現實界的垃圾、無用的否定或卑微之物，顛倒了所有穩定的象徵角色。[44] 悲劇戲劇的軌道通常足以讓人從一端到另一端，如伊底帕斯、李爾王或奧賽羅被貶低成乞丐或小丑，而高尚的悲劇願景則在滑稽與荒謬中遭到奚落。在亞瑟．米勒《推

---

44 見 Žižek, *The Fragile Absolute*, p. 39.

銷員之死》中，威利・羅曼與兒子畢夫之間的對峙恰恰反映出喜劇與悲劇之間的僵持。「爸！我只是無名小卒，你也是！……我什麼都不是！」畢夫憤怒地對父親大吼，但威利還是繼續用美國夢來衡量自己。「我不是無名小卒！」威利回想著，帶著觸動內心深處的尊嚴。「我是威利・羅曼，而你是畢夫・羅曼！」兩個人都說的對：從勞動市場的觀點來看，這兩個人確實是垃圾，可被忽略，像金錢一樣可交換，因此屬於賈克—阿蘭・米勒意義下的喜劇；但威利則是訴諸意識形態領域來反駁他的兒子，從意識型態的角度來說，個人的獨特性是神聖不可侵犯，威利的說法因此悲劇性地忠於主人能指。威利的失敗，同時也可以說是他的偉大之處，在於他無法放棄這個高貴的謊言（畢夫尖刻地說這是「一個虛假的夢想」），儘管這個謊言正在他的耳邊崩解。亞瑟・米勒自己也說，威利「狂熱地堅持自己設想的角色」。[45] 史考特・費茲傑羅（Scott Fitzgerald）《大亨小傳》也提到蓋茨比（Gatsby）的幻覺具有強大的生命力，即使它的結果證明是致命的。

---

45 Arthur Miller, *Plays 1* (London, 2014), p. 33.

羅曼的困境，就像波洛尼厄斯（Polonius）對哈姆雷特的忠告活生生遭到拒絕一樣。如果忠於自己意謂著支持虛假的理想，並且試圖將這些理想加諸在他人身上，如同威利對他任性的兒子所做的，結果將會如何？如果你對認同的追求，意謂著你死的時候可能連自己是誰都不知道，又該如何？如果你被迫表現出追求尊敬、讚揚的欲望，但從道德的角度來看卻毫無價值呢？那麼，人們是否應該跟畢夫一樣，滿足於對他人的冷漠，並且放棄一切？或者像威利的小兒子哈皮（Happy）一樣，完全規避這個議題？或者，就像威利一樣，繼續爭吵著要求承認，即使這樣會使你陷入錯覺或最終導致死亡？《推銷員之死》的諷刺之處在於，羅曼無力離開，卻又希望獲得文明的認可，這使得他代表了一種對文明的毀滅性批判。羅曼的投入顯然是不值得的。事實上，米勒自己也認為他的主角被空洞的意識形態糾纏，而且越陷越深，最後已經不完全是自欺欺人。就這個意義來說，這部劇作已經不是虛假意識的悲劇，而是一名男子在幻覺與現實之間進退兩難的悲劇，他一方面堅持自己的自我理想，另一方面又逐漸察覺到理想本身的空洞。《推銷員之死》另一個諷刺的地方，在於它顯示了美國夢的虛偽，但又讚揚美國夢的某些價值，特別是主角頑固的自我信念。米勒《臨橋望景》的艾迪・卡彭（Eddie Carbone）也因為虛假需求的支配而衝向死亡，但這齣戲是在卡彭拒絕接受折衷方案下持續進展，與《推銷員之死》讚揚（以及批評）羅曼遵循自身夢想而注定失敗的嘗試不完全相同。忠於自己是重要的，但如果自我是由腐敗的成功倫理或（如卡彭的例子）陳舊且幾乎已經不值得尊重的榮譽規章界定，該如何是好？

《主教座堂謀殺案》（*Murder in the Cathedral*）是艾略特唯一一部精神真實可以與一般民眾接觸的劇作。事實上，從戲裡的禮拜儀式就可看到兩者的連結，與司祭、侍祭、詩班與信眾在彌撒儀式中合而為一如出一轍。到了劇作末尾，就連膽怯傳統的詩班也逐漸感受到湯瑪士・貝克特（Thomas Becket）殉教的意義，這起事件也許會在他們平淡無奇的生活中產生巨大的影響。對比之下，在《一家團聚》與《雞尾酒會》（*The Cocktail Party*）中，進行形而上思索的人與湮沒在外在黑暗的人之間沒有這樣的交流。在這兩部作品中，我們看到意識層次的階序，頂端是精神的鑑賞家，底層是一些愚蠢的上流社會人物，介於中間的人則隱約意識到有什麼重要的事正在發生，但他們不確定那是什麼。劇作裡的人物等級反映了觀眾的等級：艾略特認為觀眾席中只有極少數人擁有閃爍的洞察力，可以看出劇作較深層的意義，至於那些缺乏道德鑑賞力的人，他們甚至沒有察覺到劇中人物正在吟詠無韻詩。

這些戲劇的目標絕不是為了弭平這些鴻溝。相反地，艾略特的戲劇構築了一個空間，大張旗鼓地顯示行動與意義——我們在舞台上看見的，以及舞台上隱含的宗教弦外之音——難以交流的狀況。事實上，這些劇作一反常態地樂於表現這種無法交流的狀態。如同易卜生與契訶夫，絕大多數的事件都發生在舞台之外，因為自然主義的客廳布置無法直接表現這些事件。就這個意義來說，戲劇形式是一種對什麼可以呈現而什麼不能呈現所做的批判，並且在日常生活與日常生活以外的事物之間劃下一條界線。藉由自然主義的限制，這些劇作諷刺地讓人注意到劇作本身的局限，顯示作者喜歡創作的精神戲劇已不可能在現代性晚期無靈魂的狀況下存在。在《雞尾酒會》中，形而上的獨白被電話打斷，這種狀況讓兩個領域同時遭受諷刺的質疑。日常生活是個爛笑話，日常生活以外的行動也不遑多讓：神聖的西莉亞（Celia）的殉教，被刻意形塑成平淡無味的黑色喜劇。《一家團聚》中，出現在客廳窗戶的憤怒女神是艾略特另一個讓人會心一笑的玩笑，這名劇作家雙手一攤，對於把罪、內疚、懲罰與贖罪這類重大事件安插到上流社會的二維世界裡不抱任何期望。艾略特最多能做到的，是在《雞尾酒會》透過精神諮商的方式將一名精神病醫師萊利（Reilly）安插到劇情中，艾略特對這名世俗司祭的輕視可想而知。與許多劇作的安排一樣，在這齣戲裡萊利是個笑話，然而他卻嘲弄了作者的窘迫。

不過，這一切絕不能對上流社會產生過於不利的影響。日常意識注定是個虛假意識，對日常意識有過多的期待只是一種烏托邦式的空想。只要有一小群男女能從杯觥交錯的閒聊進入到救贖與詛咒的領域就已足夠。精神價值，特別是在未庸俗化的狀況下，必須與一般經驗區隔開來，即使一般經驗正是精神價值該發揮功用的地方。形上學的領域與馬丁尼的世界因為相互區隔而讓彼此都變得空洞——前者淪為對永恆一陣又一陣斷斷續續的暗示，而這些暗示永遠無法被具體理解，後者則成為一套容易崩壞的社會常規。無論艾略特如何明確宣示，他的基督教信仰並不屬於道成肉身的信仰，他的戲劇形式也反映了這一點。然而，雖然社會風俗也許毫無根據，但仍須予以保存，因為社會風俗可以保護切爾西（Chelsea）與肯辛頓（Kensington）的空心人（Hollow Men），以免真實可能粉碎他們的核心。人類無法承受太多精神現實，而精神現實並不深受人類喜愛。要是真實在這個世界的眾多愛德華與拉薇妮亞（Lavinia）面前變得顯而易見，那麼雞尾酒將不再流通，而客廳的閒談也將變得結結巴巴，最終鴉雀無聲。梅費爾（Mayfair）不需要易卜生式說真話的人。每個領域，包括神聖與世俗，都必須以自己的方式運作；混合兩者只會對兩者造成致命的傷害。艾略特因此在取笑上流社會的同時，仍舊支持上流社會。少數孤獨的願景者將會棄絕這個世界，但對於我們來說，審慎的做法是懷抱著諷刺的失敗主義精神，對他們提出的願景表示尊重。真實與幻覺共存，但兩者無法融洽地混合。這是個與愛德華．阿爾比（Edward Albee）的劇作《誰害怕維吉尼亞．吳爾芙？》（*Who's Afraid of Virginia Woolf?*）相反的處境。「喬治，真實與幻覺，你根本不知道其中的差異，」瑪莎指責她的丈夫，喬治回道：「我是不知道，但我們必須假裝自己知道，然後繼續過我們的日子。」

第五章

難以撫慰的傷痛

自由主義的心靈傾向於謹慎提防避免公開的對立，而且偏好想像對立之間的平衡。約翰・史都華・彌爾（John Stuart Mill）在《論自由》（*On Liberty*）中寫道：「以生活上重要的實際關切來說，真實主要與協調和結合各種對立力量有關，因此很少有人有足夠寬大且無私的心靈，以正確的進路來做出調整。」[1]這是現代自由主義的典型調性。真實是多面的，黨派之見只會扭曲真實的想法。最審慎的立場就是採取中庸之道。差異值得讚揚，但衝突卻不樂見。與此相反，對激進分子來說，有些敵對是免不了的，而對差異的肯定本身可能會涉及鬥爭。處境的真實也許會偏向某一方：種族主義與反種族主義的中庸之道是什麼，而猶太人與反猶太主義者之間合理而公允的平衡又是什麼？該與法西斯主義者談和，試圖找出雙方的共通點，還是嘗試打敗他們才是上上之策？如果有人主張女性在歷史上一直飽受壓迫是一種片面說法，那麼這樣的片面說法難道沒有一點真實之處？安撫也許可以消除衝突，但這種做法往往適合於一方，而不適合於另一方。沒有正義，就不可能

1 John Stuart Mill, *On Liberty and Other Essays* (Oxford, 1991), p. 54.

化解敵意，要確保正義，就意謂著必須為正義而奮鬥。此外，團結一致並非理所當然是一件好事。納粹德國就是最好的例證。還有一個問題是，當我們要達成某個解決方案時，解決的條件是由誰決定的。

海倫・加德納（Helen Gardener）寫道：「從一開始，在所有悲劇的討論中，有一種調性是不變的，那就是悲劇包括、或和解、或保存在緊張與對立之中。」[2]米格爾・德・貝斯特吉（Miguel de Beistegui）與賽門・斯帕克斯（Simon Sparks）堅持，和解是「〔悲劇〕思想的基本要求」。[3]對瑞恰慈來說，悲劇是「文學中最偉大也最罕見的事物」，他認為悲劇是對立的平衡與和解，如同憐憫與恐怖取得巧妙的均衡。瑞恰慈主張，在悲劇經驗的核心出現的歡愉，並非意謂著所有人都與世界和好，或正義確實存在於某處，而是「在這個當下，一切都在這裡，大家都處於一個緊張的體系中」，[4]而悲劇作品在我們不協調的衝動之間達成了一個令人滿意的平衡。這種悲劇觀點

2 Helen Gardner, *Religion and Literature* (London, 1971), p. 24.

3 Miguel de Beistegui and Simon Sparks (eds), *Philosophy and Tragedy* (London and New York, 2000), p. 11.

4 Richards, *Principles of Literary Criticism*, pp. 217-18.

的諷刺性再怎麼強調也不為過。人們也許期望這種現實主義小說最終應該會有一個友善的和解，因為這種小說形式代表著越來越融入這個世界的中產階級所產生的最高文化成就。然而，期望這種藝術形式能出現和諧其實是很奇怪的事，因為這種藝術形式要比其他形式帶給我們更多的失去與破壞，而且在造成失去與破壞的同時，也不會給予我們任何止痛劑或虛假的希望。

瑞恰慈認為，悲劇的本質在於悲劇讓我們短暫擺脫平日的壓抑與崇高化。然而，即使真是如此，我們也懷疑透過平衡的機制是否就能做到這一點。人們如何合理地認為平衡或和解是《伊底帕斯王》、《李爾王》、《菲德爾》或《羅斯默莊》的基調？尤里比底斯筆下的彭透斯（Pentheus）是否與世界言歸於好，拉辛的《安德洛瑪刻》在末尾是否達成了協調？畢竟，圓滿解決的狀態不容易轉變成引人入勝的戲劇。我們總是覺得不和諧比一致更吸引人，這是悲劇戲劇將這類主題置於舞台中心的原因之一。人有追求一致的衝動，在這股衝動的背後無疑存在著心理的驅力，同時也存在著意識形態的驅力。面對一堆碎片，心靈難以抵抗將這些碎片重新拼組成一個整體的衝動，彷彿被某種克萊恩式的（Kleinian）修復幻想支配，不斷地問，任由這些碎片散落一地難道會比較好嗎？

許多悲劇末尾確實出現短暫復興的景象，如弗丁布拉斯（Fortinbras）以勝利之姿在舞台上昂首闊步，李爾王終蒙憐憫倒地安息，凱薩琳與希斯克里夫在墓中找到歷史暴風雨的避難所。然而，這些零星而較不悲慘的存在形式絕不能讓令人心碎的悲劇行動相形見絀。即使最終獲得了和解，仍要讓人覺得促成這一切發生的事件若能不發生就好了。當華特．考夫曼（Walter Kaufmann）主張悲劇的價值在於悲劇「不讓任何的安慰、信仰或歡愉掩蓋我們的耳朵，使我們聽不見我們的同胞遭受折磨的哭喊」時，他並不是說悲劇形式不存在任何的安慰。[5]伊亞戈就算得到應有的懲罰，也無法讓德絲蒂夢娜（Desdemona）死而復生。亞里斯多德認為尤里比底斯是最具悲劇色彩的古希臘劇作家，因為他毫不避諱無法達成和解的結局。

從席勒到海德格，這個悲劇理論潮流向我們保證傷害可以治療，敵對可以克服，致命的力量可以平息。蒸蒸日上的中產階級辯護者甚至能將悲劇融

5 Walter Kaufmann, *Tragedy and Philosophy* (New York, 1968), p. 182.

入到他們天真的進步願景中。他們不僅容納悲劇，甚至還跟尼采與華格納一樣，叫嚷著要在屬於他們的時代讓悲劇重生。路德維希．維根斯坦提到他支持這種看法：他在《文化與價值》（*Culture and Value*）中表示，在他的世界裡，「艱難與衝突不是什麼光采的事，而是一種『缺陷』」。[6]換言之，他認為光采是悲劇的特徵，而基於上述的理由，他反對悲劇。然而或許從一開始就不需要有這樣的假定。

維根斯坦反對的悲劇理論在十八世紀末與十九世紀特別有影響力。這裡指的並不是悲劇從舞台轉入書房——雖然提到浪漫主義悲劇，絕大多數的作品都是詩而非舞台演出，但我們想起喬治．史坦納的尖刻說法，他認為這個時期很少有更卓越的作者群能寫出更令人悲傷的作品[7]——而是悲劇形式出現一些有待完成的重要理論作品，這些作品無法完全以戲劇來加以涵蓋。賽門．戈德希爾在論文集中提到：「對悲劇進行通則化，使悲劇脫離文學類別，成為理解自我作為政治、心理學與宗教主體的工具。悲劇是一條通往現代性

6 Ludwig Wittgenstein, *Culture and Value* (Oxford, 1998), p. 12e.

7 見 Steiner, *The Death of Tragedy*, p. 122. 當然，這個批評存在著幾個著名的例外。

自我定義的道路。」[8]正是自由與必要性之間的衝突，吸引了創造「the tragic」這個新概念詞彙的人士的目光——附帶一提，對亞里斯多德來說，the tragic 是完全陌生的觀念，他那篇枯燥且形式主義的詩學小論文，把悲劇（tragedy）當成一種藝術類別，而非一種世界觀，如果根據亞里斯多德的倫理學與政治學作品來判斷，他肯定無法接受 the tragic 提出的願景。[9]悲劇可以解開命運與自由的衝突，整體來說，哲學家認為悲劇最珍貴的特質就在這裡，因此，悲劇不僅是倫理—政治作品，也是美學作品。

問題是，自由採取行動勢必產生難以控制的結果，而這個結果對行動者來說將構成一種命運的形式。我的自由行動不僅最終將妨礙你的自由行動，連我自己也可能成為我的自由行動的受害者。因此，自由產生了奴役，這個弔詭只有辯證的思想形式才能加以掌握。從索福克勒斯的伊底帕斯到易卜生

---

8 Goldhill, 'The Ends of Tragedy', p. 233. 另外關於主體的說明，見 Miriam Leonard, *Tragic Modernities* (Cambridge, Mass. and London, 2015), Ch. 3.

9 譯注：tragedy 與 the tragic 的差異，如作者在第三章所言，tragedy 是一種藝術形式，指古希臘悲劇，the tragic 是歐洲十八、十九世紀之交對古希臘悲劇產生的新悲劇論述，帶有更深遠的政治、宗教與哲學願景。

的卡斯騰・伯尼克，從艾斯奇勒斯的奧雷斯特斯到布希納的丹敦，行動喬裝成不同的樣子回頭來折磨行動者。我們打造鎖鍊來綑綁自己，就像艾斯奇勒斯的阿加曼農一樣，心甘情願將自己扣在必然性的馬具上。自由是自己最致命的敵人。在市場社會中，至少根據馬克思的判斷，這種矛盾是當時的主流現象。

除此之外，還有另外一個問題。為了依照自身的目的來形塑這個世界，中產階級文明發展了科學與科技這類重要的工具；但科學不得不告訴我們的是，所有物質現象都掌控在某些嚴謹的定律之下，因此很難想像人類可以豁免於這種決定論。所以，讓人類得以統治自然的事物，也可能剝奪人類的自由。自由必須訴諸預測與計算來實現目標，這是一個終將顛覆自己的計畫。自由地行動等於預設歷史是開放性的；但這類行動也需要某種程度的確定知識，而這類知識在一個不可預測的世界裡卻難以取得。哲學家約翰・麥克莫瑞（John Macmurray）總結了這個康德式的困境：「我們只能知道一個確定的世界；我們只能在一個不確定的世界裡行動。」[10]自由就是自我決定，只

10 John Macmurray, *The Self as Agent* (London, 1969), p. 55.

遵循自己給予自己的法則，而這種法則不能化約為物理學的定律。然而，如果道德與物質是分隔的領域，人類在自身以外的世界似乎將無地自容，因此我們雖然獲得自由，但代價卻是無家可歸。此外，自由也沒有實體的形象。這個號稱與人類有關的最具決定性的事物（謝林寫道「自由是支撐一切的法則」）[11]鑽過了語言的網孔，無法再現也毫無實體，只是一種無聲的顯現或雄辯的沉默——如同水銀毫無定形，只能從眼角餘光瞥見，一旦試圖直視便消失無蹤。這個類似神明的大能不存在任何供人膜拜的偶像。

因此，中產階級社會的基礎——自由的主體——與其說是基石，不如說是深淵。這個純粹自我決定的位置，總是若隱若現，但其實空空如也，它是無窮超出任何確定客體的純粹否定。它是我們行動的源頭，卻無法充分顯現在我們的行動上。哲學無法找到這個非實體的明確落腳處，最後只能對著空氣亂抓一通，試圖確定它的位置。因此，我們無法想像自我決定是在什麼狀況下產生作用。思想需要一個絕對基礎；如果這個基礎就像主體性一樣不穩

11 F.W.J. Schelling, *System of Transcendental Idealism* (Charlottesville, VA, 1978), p. 35.

定，那麼自我決定不過是一個信仰對象罷了。然而，要讓主體獲得確定，就必須取得主體的核心。要知道自我，就必須破壞自我，不去知道自我，就表示滿足於一道密碼，一個位於現代性核心的黑洞。資產階級人（Bourgeois Man）將在處於權力巔峰之際讓自己陷於盲目，這個傲慢的生物在將周遭的世界予以人性化之後卻拆解了自己。

對康德學派來說，人類的日常狀態似乎帶有一點悲劇氣息，它處於現象存在與自由或理性之間，並且規避著自由或理性的概念掌握。主體在每個地方都是自由的，但也在每個地方受拘束，主體生活在分隔與區別的世界裡，在自然領域是定律的奴僕，但在精神領域卻又能從定律中解放。這個觀點與古希臘悲劇並非毫無共通之處，古希臘悲劇的男女僅被賦予有限的自主能力，他們在半明半暗中與他們無法掌控的力量對抗，他們不得不行動，但擁有的知識卻又是片面而不穩定的。丹尼斯・史密特（Dennis Schmidt）寫道：「在悲劇中，我們得知倫理的支配範圍不一定與人類的視界完全相等。」[12]

12 Dennis Schmidt, *On Germans and Other Greeks* (Bloomington, IN, 2001), p. 15.

康德對於放肆的知識欲提出警告，並且對人類理性設下形上學的禁區，此後一段時期，伊底帕斯——他對真實的渴求終於讓他瞎了眼——開始固定在德國哲學中出現。《伊底帕斯王》以其獨特的方式表現出對純粹理性的批判。

即使如此，從康德的反思還是能獲得一些安慰。在一九一五年的論文中，現象學家馬克斯．謝勒（Max Scheler）主張聽天由命（resignation）是悲劇最好的產物，一旦我們發現不可能存在更好的世界時，我們就能在內心找到平靜。物質因果關係的領域與價值領域有著明確區分；謝勒認為這可以讓我們不再錯誤地期望世界會以道德上值得讚揚的方式運行。[13]康德本身倒是從自己的信念中獲得慰藉，他相信自然與精神的鴻溝可以透過美學來加以跨越。藝術作品是實體物，因此是理論認知的對象；但就藝術作品的統一性與自主性來說，它的表現毋寧更像是人類主體。此外，藝術作品既是經驗的也是理性的，既是感官的也是智性的，並且以這種方式統合了自然與精神。最重要的是，透過藝術，超越感官之物可以在舞台上演出成為感官的對象。康

13 See Max Scheler, 'On the Tragic', in R.W. Corrigan (ed.), *Tragedy: Vision and Form* (New York, 1965).

德的《判斷力批判》（*Critique of Judgment*）因此能在藝術作品中找到作為知識客體的世界（《純粹理性批判》〔*Critique of Pure Reason*〕的主題）與道德或理性領域（屬於《實踐理性批判》〔*Critique of Practical Reason*〕的領域）之間的連結。

康德自己覺得不過是思想實驗或思辨假說的事物，卻在他的後繼者作品中發展成為成熟的哲學美學。不久，藝術作品就被認為是自由與必然性可以自發地合而為一的地方。作為一個自我組織的整體，人造物必須遵循定律或整體性，因此受到必然性的支配；但是一旦經過仔細檢視，上述的定律其實不過是作品各部分的相互連接，每個部分都是自由的（就自我決定的意義來說），但自由的基礎在於每個部分之間的互惠關係。作品的每個面向都因為與其他面向的互動而獲得充實，而遵循整體性的原則也讓作品能自由地繁榮茁壯。詩的象徵，就像負責任的公民，會結合起來為共同善而努力。藝術作品因此是政治諷喻也是美的事物，即使它依然遠離國家事務。弗里德里希·施勒格爾（Friedrich Schlegel）宣稱：「詩是共和國的演說：這個演說既是自身的律法，也是目的本身，演說的所有部分是自由的公民，擁有投票的權利。」[14]藝術提供我們一個統一的政治秩序的願景，但這個統一的政治秩序是透過個別的特徵來運作，而非粗暴地凌駕於個別特徵之上。藝術是無政府與專制統治的敵人。

所以，在革命的年代裡，藝術表現出來的自由形式是服從法律而非藐視法律。用葛蘭西的術語來說，藝術的權威是霸權而非強制。藝術允許每個感官個別項目可以自由表達，拒絕要求它們順從於僵固的架構，並以此奇蹟式地產生有機的統一性。如果德國唯心論的困境在於如何協調主體的自由與良好基礎的需求，那麼藝術作品可以提供我們一個極其便利的法門，告訴我們自由與基礎如何能通力合作。

由於藝術作品作為一個整體是透過作品內部的具體個別項目來運作，所以藝術作品是一種感官理性模式——一種可以統合感官與智性、有限與無限、必然性與自由、自然與精神的理性形式。藝術可以吸引感官，這是為什麼藝術要比任何抽象理論更能深刻地轉變男人與女人；但藝術並非一群難以

14 Friedrich Schlegel, *'Lucinda' and the Fragments* (Minneapolis, MN, 1971), p. 150.

駕馭的感官暴民，類似於攻陷巴士底監獄（Bastille）的底層民眾（canaille），因為藝術的感官內容是由內在一貫的設計形塑而成。理性本身被感官化，如此才能讓理性與人類需求和感情保持連繫，而非偏離到冷漠無情的理性主義中。自由被客觀化，並且取得可觸知的形式。有一種神學概念潛伏在這種藝術作品模式乃至於幾乎所有美學論述之下：道成肉身的概念。

自由與必然性、感官與智性等等諸如此類的和諧，是美的意義賴以產生的其中一個環節。但此外還存在著關於崇高的問題，崇高關切的與其說是感官與精神的和解，不如說代表著精神戰勝感官。當我們遭遇某個崇高的對象或事件時，我們意識到有一股力量位於我們的感官範圍之外而且暴露出我們感官的局限。最重要的是，在這裡，所有與美學有關的問題全都匯聚在悲劇觀念上。康德的《判斷力批判》將美學移到哲學的中心領域，他也因此成為崇高觀念的大理論家；雖然康德自己並未對悲劇做出明確評注，但席勒、謝林、賀德林、尼采與其他學者卻毫不遲疑地進行了銜接。在康德眼中，崇高代表許多事物，其中包括理性或超感官的自我戰勝了自然或經驗的自我。當我們在一些常見的場景中，如海上的風暴或令人暈眩的山頂，面對著毀滅的可能時，我們會發現從我們內心深處冷靜地產生一股力量來壓制這些針對我們肉體存在而來的攻擊，我們知道這股力量是自由、本體或超驗的自我。主體因此被分成日常經驗的自我與無窮高等或深刻的自我，而對康德一些較為異端的弟子來說，後者的自我實際上可以作為經驗的客體。於是，原本被康德置入知識論禁區的事物，就這樣在朦朧中走進他的侍祭的目光之下。

與悲劇一樣，崇高為感官帶來的強烈感受是一種令人愉快的恐怖。悲劇與崇高同樣混合了恐懼與振奮，兩種形式都成為法國大革命的焦點——更精確地說，兩者構成大革命時期中產階級的矛盾反應。對一些思想家來說，大革命的恐怖就像一場壯觀的船難，必須小心維持一段距離觀看，才能產生賞心悅目的效果。隨著崇高的觀念被注入新生命，悲劇的新願景也開始出現，兩者都在政治動盪的時期產生。與大革命一樣，悲劇與崇高既能破壞也能教化，既能懲戒也能淨化，既能增益也能減損。自我在遭受粗暴貶損時，不由得想起自身的脆弱與有限，但我們也因此獲得某種程度的提升，深信人類精神是永恆的，可以免於任何傷害。悲劇與崇高這兩種模式提醒我們自身的局限，也打破資產階級永無止境的進步美夢。但我們當下依然活著的事實，無論如何恐懼與銳氣盡失，都會讓我們想起我們真實的家是無限。

用比較不那麼浮誇的話來說，我們之所以能在虛構形式中恣意滿足死亡的驅力，那是因為我們確定自己不可能真的被毀滅，也不可能真的對想致我們於死的力量進行報復。維根斯坦表示，真正的幸福在於能夠說出「我很安全，不管發生什麼事都不會傷害到我」。[15]唯有準備對抗眾多紛雜的麻煩時，悲劇或崇高才會教導我們，這些苦惱原本與我們是如何地毫無關連，而唯有在與自然世界進行鬥爭時，就算結果不盡理想，我們的精神才能昂揚。無論是悲劇還是崇高，唯有透過磨難與英雄式的抵抗，我們才能感受到某種難以安撫的力量拒絕向我們讓步，而我們也因此知道自己在精神上可以與這些力量抗衡，甚至更優於這些力量。從這個意義來說，在藝術作品的形式結構中，限制或必然性乃是自由的基礎，而非自由的反面。

自由與必然性的聯合並非悲劇藝術獨有的特徵，因為這個理論其實可以適用於一般的藝術。但自由與必然性的聯合在悲劇裡之所以特殊，在於悲劇

15 Ludwig Wittgenstein, 'Lecture on Ethics', *Philosophical Review* no. 74 (1965), p. 8.

凸顯了兩者的統一性，並且使其成為悲劇主題的一部分。從這個意義來說，悲劇是藝術自我反思的一個例證。席勒在論文〈論崇高〉（*On the Sublime*）中把精神與感官或道德與肉體的衝突置於個人之中，因此不難將個人認定為悲劇英雄。[16]席勒的導師康德的理論主張因此被轉變成一種存在狀況，而且以《純粹理性批判》未有的方式為戲劇演出增添力量。在與壓倒性的優勢對抗時，悲劇主角逐漸意識到自己有抵抗逆境的力量。他因此感受到自身的自由——也就是說，感受到理性自我獨立於物質世界，不受自然與必然性的限制。席勒在論文〈論悲劇藝術〉（*On the Tragic Art*）中表示，最高程度的道德意識只能存在於鬥爭之中，而最深刻的道德愉悅總是緣飾著痛苦。悲劇與崇高都是一種受虐狂的形式，因為我們被剝奪得一無所有，卻還樂在其中。只有在這個背景映襯下，才能顯出我們精神的不凡。平凡無奇意謂著處於無限之中，因為這兩種狀態都無法定義。無用與無限都無法透過語言之網加以

16 See Friedrich Schiller, *'Naive and Sentimental Poetry' and 'On the Sublime': Two Essays* (New York, 1967). 關於德國十九世紀悲劇思想傳統的重要說明，見 Vassilis Lambropoulos, *The Tragic Idea* (London, 2006). 也可見 Julian Young, *The Philosophy of Tragedy from Plato to Žižek* (Cambridge, 2013). 其他關於這個主題的說明，見 Leonard, *Tragic Modernities*, ch. 2.

捕捉。然而，它們不僅阻礙我們的理解，還讓我們對理性掌控自然的優越能力產生否定的看法。站在這個崇高的觀點，我們可以感受那些被毀滅與被遺棄之人的苦難，即使我們知道我們是坐在奧林帕斯諸神的位子往下俯瞰這些災難，而不受這災難的影響。悲劇的崇高因此同時涉及苦難與苦難的超越。

悲劇與崇高還存在另一種親緣性。這兩種模式都認為，這個世界看似在道德與物質上一團混亂，其實卻是井然有序且可以為人所理解。對黑格爾與賀德林來說，悲劇使我們在看似嘲弄一切的事件中找到意義與理性的必然。這是可以讓我們找到安慰的其中一種方式。宇宙的運行不可能完全透明，一旦完全透明，就會驅散所有的神祕，屆時整個宇宙將會淪為毫無生氣的理性主義。但是，宇宙肯定會透露一點秩序的消息與神意的徵兆，前提是我們不能將訊息透露給對立陣營的無政府主義者、無神論者、感覺論者與經驗論者。此外，那些認為世界缺乏固有意義的人，很容易成為政治不滿的犧牲品。性情乖僻的哲學家苦思人類存在純屬無益，這些人並不會造成傷害，但一般民眾這麼做卻會造成輕率魯莽的問題。相信宇宙是合理的，這種信仰必定與堅持理性不可能理解存有有著相互連結的關係，這就像古希臘人努力想從諸神異想天開的行為尋找正義與邏輯，卻又對諸神的古怪深信不疑。啟蒙運動的理性主義既不尊崇也不厭惡神秘，對未知與不可計算的事物總是戒慎恐懼，但理性主義卻必須面對專門處理這類情感的藝術模式的挑戰。在革命騷亂的時期，免除尊崇與謙遜是一件不智的事。

因此，悲劇在意義與神祕之間取得了平衡。而悲劇肯定也在情感奔放與壓抑之間取得了適當位置。悲劇性的喜悅與崇高的提升捕捉到某個社會階級的昂揚情緒，這個階級現在正積極地創造屬於自己的歷史；但這個階級有很好的理由謹慎小心，避免因精神過於高昂而莽撞躁進，因為這種冒進的精神已然在時代中造成了巨大的政治浩劫。因此，哲學，尤其是悲劇理論，必須藉由堅持人類悟性的限制與道德律不可違背的性質來緩和這種熱情。

悲劇觀念的產生除了與政治危機有關，也與哲學危機脫不了關係。康德規定哲學能談什麼與不能談什麼，他在知識的邊界來回巡邏，把形上學排除於哲學的領域之外。哲學將不再談論上帝、靈魂、絕對或事物的本質。然而，一個剛從政治動盪蹣跚走出的時代，仍然需要無可置疑的基礎，如黑格爾的作品所言，即使這些基礎是以歷史化的形式鑄造出來的。因此，哲學仍維持至高無上的地位，統轄著像藝術這類較為低等的活動——事實上，藝術不只是低等，在黑格爾眼中，甚至認為藝術明顯是過時的（dépassé），因為在一個片斷的、難以理解的複雜現代文明裡，藝術作品已無法承擔描繪社會整體性的任務。但黑格爾也表示，在古希臘時代，這個任務確實是由藝術來承擔的。此外，到了現代，主體自由的成長也不容易涵蓋到古典美學形式裡。藝術於是逐漸喪失傳統的社會、政治與宗教角色，只能尋求哲學的承認以取得資歷，這也是美學興起的原因之一。[17]因此，黑格爾自身的辯證哲學受到悲劇精神的影響也就不足為奇了。

悲劇觀念產生於從哲學到藝術的一般性轉折，過程中受到許多事物的激勵，除了康德針對哲學不適切的野心提出指責外，他的《判斷力批判》也為悲劇觀念帶來啟發；所以，從謝林、賀德林與叔本華，一直到尼采、海德格與早期的盧卡奇，在這個傳承過程中，詩人逐漸從哲學家手中爭來了值得自豪的地位。美學最初受到柏拉圖的蔑視，而康德之前絕大多數學者也對美學

17 見 David Roberts, *Art and Enlightenment* (Lincoln, NE and London, 1991), pp. 9-10.

置之不理，到了現在，美學終於開始要求反轉自身的地位。賽門・克里奇利寫道：「悲劇是康德之後哲學的集大成。」[18]如果哲學無法解決自由與必然性的難題，那麼悲劇或美學或許可以幫得上忙。如果絕對（Absolute）不再是思想能夠接近的事物，那麼絕對也許會成為審美直覺的主題，如同謝林與叔本華對絕對的探索一樣。

在這裡，值得討論的是一種耐人尋味的反轉。尼采宣稱，哲學是從悲劇的死亡中誕生的，催生者是蘇格拉底與尤里比底斯這類乏味的理性主義者，他們預示了理論人（Theoretical Man）這種無情生物的到來。在尼采的作品中，悲劇的生命概念決心向這個致命的遺產展開報復。艾倫・梅吉爾（Allan Megill）指出，《悲劇的誕生》是黑格爾《美學》的顛倒版，它將藝術的地位抬升到哲學之上。[19]在給予悲劇致命一擊的幾個世紀之後，哲學又重回犯罪現場，面對著一般的美學。現在，哲學不僅已經準備好要向悲劇精神學習，

18 Simon Critchley, 'The Tragedy of Misrecognition', in Billings and Leonard (eds), *Tragedy and the Idea of Modernity*, p. 253.

19 見 Allan Megill, *Prophets of Extremity* (Berkeley, CA, 1985), p. 58.

而且到了尼采、海德格、早期盧卡奇、賈克・德希達（Jacques Derrida）與其他學者的時代，藝術地位已然凌駕於哲學之上。或者，就算不是如此，某些哲學化的風格也開始變得很難與詩區別。我們可以回想一下，這些論述恐怕連亞里斯多德也無法分辨其中的差異。

因此，美學就這樣躡手躡腳地走近哲學思辨的核心。悲劇哲學（philosophy of tragedy）於是成為悲劇的哲學（tragic philosophy），而這個過程的頂點就是尼采的作品。此外，這也成為恢復形上學探索的一種方式，而形上學探索正是康德最不樂見的——這種探索在尼采《悲劇的誕生》中是透過神話與詩來進行。由於尼采的悲劇願景對哲學概念提出質疑，以致於哲學促成的悲劇之死，最後反而演變成由悲劇促成的哲學之死。我們又回到了柏拉圖時代藝術與哲學的戰爭，只是現在兩者的價值完全顛倒過來。不過，藝術的勝利依然是不穩定的。對狄奧多・阿多諾（Theodor Adorno）來說，奧施維茨之後，詩人跟他的哲學同事一樣，在震驚之餘，什麼話都說不出來。

如果自由與必然性之間的鬥爭無法藉由理性的方式加以平息，那麼也許用存在的方式來解決總會管用。這是哲學轉而向藝術與戲劇求助的原因之一，只不過為了解決人類全體共通的問題而尋求舞台悲劇這類小型活動的協助，看起來有點奇怪。席勒在他的美學作品中提到，悲劇表現出自由對命運的反叛，只為了顯示自由與命運在本質上是統一的，席勒也形容自己的戲劇是和解的悲劇。[20]《強盜》的罪犯卡爾．摩爾在劇作的末尾自願接受法律的制裁，他這麼做等於是向自己曾經違抗過的權威表達敬意。《唐卡洛斯》的波薩侯爵同樣也是自我犧牲而死，為的是確保自己的政治自由願景能在未來獲得證明。在《瑪麗．斯圖亞特》中，瑪麗雍容華貴地死去，比下令處死她的伊莉莎白（Elizabeth）更具有王者風範。她也自由地擁抱自己的死刑，認為這是贖罪。不願在政治上冒身敗名裂的風險，卻又想實現個人自由，簡直是癡人說夢，儘管如此，至少個人自由可以存活在內在堅忍的形式中。然而，還有一種更為曖昧的內在自由形式，那就是席勒筆下的華倫斯坦。華倫斯坦拒絕採取行動，以此來保留自己的選擇自由，但之後為時已晚，他最終只能將自己珍貴的精神獨立地位交給包圍他的人。華倫斯坦宛如康德的本體主

20 席勒美學論文的一些有用的翻譯，見 Walter Hinderer and Daniel O. Dahlstrom (eds), *Friedrich Schiller: Essays* (New York, 1993).

體，擔心採取行動就是屈服於必然性，結果反而因為未能行使自由而失去自由。

對謝林來說，光憑理性無法取得自由與必然性的統一。因此，解決這個問題的任務必須委託給審美直覺，只有審美直覺才能不經過第三者直接地接近絕對。[21] 在奧古斯特．施勒格爾（A.W. Schlegel）《哲學美學講演錄》（*Lectures on Philosophical Aesthetics*）也可以找到類似的論點。如果戲劇是這個解決方案所能找到最令人滿意的形式，我們已經提過，那是因為自由與必然性或實踐理性與理論理性之間的一致，最能從存在層面加以顯示；最重要的是，只有在悲劇中，才會顯露出這種統一性。悲劇主角自由地擁抱自身的命運，低下頭接受天意的擺布，他承認自己被自己反叛的對象擊敗。但是，促使他這麼做的精神，已經超越他失敗的事實，並且證明了自由的不朽。如果悲劇尊敬反叛的行動，那麼它也尊敬引發反叛的權力。從這個意義來看，我們可以說，

21 關於謝林的美學思想，見 the Tenth Letter of his *Letters on Dogmatism and Criticism*, reproduced in Schmidt, *On Germans and Other Greeks*, and Friedrich Schelling, *Philosophy of Art* (Minneapolis, MN, 1989). 關於謝林思想的具啟發性的研究，見 Leonardo V. Distaso, *The Paradox of Existence: Philosophy and Aesthetics in the Young Schelling* (Dordrecht, 2004), and Devin Zane Shaw, *Freedom and Nature in Schelling's Philosophy of Art* (London, 2010).

悲劇代表對某人的政治賭注做了精明的避險動作。

在謝林的觀點中，伊底帕斯願意為自己的不當行為負起責任，儘管實際上他並無罪過，伊底帕斯的做法一方面屈服於必然性，另一方面也崇高地戰勝了必然性。徒勞地與不公義的權威進行鬥爭，可以證明在面對打壓自己的力量時，自己能毫不屈服地與對方相抗。用尼采的話來說，這是勝利的失敗。要默默接受自身的死亡，至少需要有與想毀滅你的力量一樣堅定的意志。從接受自身的毀滅中，英雄顯示自身的無限，並且與和他鬥爭的力量合而為一。這些力量雖然一絲不苟地遵循著必然性，它們的源頭卻是自由與理性，而且就處於英雄力量的發源處。唯有力量的根源來自於主角的生物性存在之外，才能讓主角放棄自身的存在。英雄因此從放棄自身的自由中目睹了自身的自由，接受必然性的束縛並且承認自己的行動出於自身。他自願讓自己在死亡的祭壇上伸展，與絕對合而為一，並且證明最終能超越所有的哭泣與悲嘆。悲劇的聽天由命凌駕於它屈從的力量之上。絕對無法直接展現自己，但可以從對有限的否定中窺知一二，以悲劇來說，指的就是主角的死亡。

因此，我們從中學到的是，你無法逃避諸神分配給你的命運，但你可以主動地占用它，使你的命運變成你的決定，藉此證明你被分配到的命運並非終局定數。所以，莎士比亞筆下的安東尼宣稱，他將像「一名新郎趕赴自己的死亡，宛如奔向／愛人的臥床」（《安東尼與克麗奧佩托拉》〔*Antony and Cleopatra*〕，第四幕，第十四場）。《一報還一報》（*Measure for Measure*）的克勞迪奧（Claudio）幾乎逐字不差地預示這種情感：「如果我必須死，／我會把黑暗當成新娘，／將她擁入懷裡」（第三幕，第一場）。在這些命運之愛（amor fati）、生存本能與死亡本能的例子中，情欲之愛與死亡驅力的淫穢歡愉是很難區分的。從起而對抗一個無法戰勝的力量中，人們可以得到苦樂參半、近似存在主義的愉悅，對這樣的力量發動戰爭更是如此。這種無來由的行動（acte gratuit），加上目空一切、神氣活現的態度，嘲弄著死亡做出最糟糕的舉動，就像殉教者一樣，深信只要像新郎一樣溫柔地擁抱自身的平凡無奇，就能在無限中找到自己的歸宿。死亡為自由與必然性提供了聯絡的通道。即使人們知道，自己的生命深植於絕對的胸臆之中，就算生命來到了終點，也絕不可能迷失，但還是會有人不計後果、毫無顧忌地反抗，試圖占用自己的終點。

最高的自由因此是放棄自由，如此一來悲劇便同時代表了損失與獲得。謝林在他的《藝術哲學》（*Philosophy of Art*）中寫道，自由與必然性「在藝術形式的展現是毫無差異的，兩者同時獲得勝利與遭到擊敗」。[22] 自由只能透過自我否定才能取得，而自我實現只能透過自我放棄才能達成。從這個意義來說，悲劇是熟悉狀況的例外——事實上，這個例外就建立在城邦的基礎上。唯有將自己的自由交給社群整體，如盧梭《社會契約論》（*The Social Contract*）所言，個人才能從不斷增益的交換中取回自由。為了保護生命而喪失生命，不僅是悲劇藝術的一個面向，也是為了維持政治秩序。

我們已經看到，現代悲劇概念興起的脈絡是法國的暴動。從這個視角來說，現代悲劇概念既是進步觀念，也是反革命觀念。如果悲劇珍視自由，那麼它也讚賞對權威的屈服。自由必須實現，但卻是透過失去、拘束、效忠與自我剝奪才能發展。謝林對比了他所謂的「希臘理性」，意思是尊重法律、和諧與必然性，以及他自己所處的政治動盪時代的傲慢理性。如果謝林對於

22 Schelling, *Philosophy of Art*, p. 251.

自由前景遭必然性征服感到反感，那麼自由掩蓋必然性造成的無政府狀態也同樣無法讓他喜悅。[23]在談到這場政治地震時——這是德國唯心論思想發展的主要背景——有三種「悲劇」意義至關重要。首先是日常意義的「恐怖」與「駭人」，如車子押送死囚前往斷頭台的過程；其次是悲劇作為革命的隱喻，無論哪一種例子，光榮的誕生都少不了暴力的破壞；第三是悲劇的哲學意義，自由藉由自願服從權威而取得最高形式。正因自由與必然性都以藝術作品形式來加以表現，因此兩者都被呈現為同一之物。

悲劇還有其他的意義，在這些意義中，自由與必然性的對立被克服了。如果自由指的是根據自我核心的欲望來行動，那麼（由於自我不完全是一種選擇）這些熱情將帶有一種不可避免的色彩。有一種悲劇意義認為，我們最深層的信念其實並不是我們自己選擇的，而是命運的頑固使我們必須面對這些信念。安蒂岡妮不得不埋葬她的兄長，艾迪．卡彭不得不挽救自己的好名聲。這不是說他們不再是自由的行動者，而是說他們陷入一種自由與必然性

23 見 ibid., p. 249.

的對比完全崩解的狀況，尼采認為藝術家的行動也是如此。我們不乏能激發出追求自由與實現的意志的悲劇，而這樣的意志，其頑強程度絲毫不遜於命運。如果自由能擁有必然性的強制力，那麼反之亦然。看起來類似命運的事物，其實只是自由喬裝改扮成我們不熟悉的外觀。如果自由以精神的形式統治這個世界，那麼悲劇英雄屈膝的必然是定則的內在真實。因此，命運與自由看似衝突，其實只是自由兩種版本之間的衝突，兩者表面上的不一致，完全沒有實質基礎。自由與必然性的敵對消失了，但付出的代價卻是英雄的死亡。這個論點延續了一段時間，甚至仍可在阿爾貝．卡繆作品中得到迴響，他在〈論悲劇的未來〉（*On the Future of Tragedy*）中表示，悲劇藝術表現出師出有名的反叛行動與不可或缺的秩序框架之間的衝突。[24]對卡繆來說，傲慢是人性的巨大邪惡；然而，唯有在反抗的行動中，我們才能面對自身力量的局限，揭露出我們不該打破的疆界。反叛因此是在不為人知的狀況下為權威服務。

24 該篇論文收錄於 Camus, *Lyrical and Critical Essays*。

在即將死亡之際，英雄顯示了導致他毀滅的力量其實偷偷站在他這一邊。在這個悲劇模式背後，存在著一種釘十字架的神學，謝林與其他學者認為古希臘悲劇也帶有這種神學的內涵。（值得一提的是，謝林、黑格爾與賀德林一開始都是神學院學生，事實上還是室友。）天父的律法看似殘忍而野蠻地讓耶穌走上死亡，但由於天父的律法是慈悲的律法，因此在法律與愛或至高無上者與自由之間，並不存在真正的對立。稱耶穌為上帝之子，就是主張耶穌是上帝的愛，這層意義就處於耶穌身分的核心，這意謂著耶穌基於愛忠實於上帝的命令，這件事本身就是天父恩典的展現。是天父讓耶穌接受失敗、折磨與死亡。在各各他（Calvary）顯現的自由與必然性的對比也是如此。耶穌被釘死在十字架上是不可避免的——不是因為他的死亡早已注定，而是因為對那些在腐敗的世界大聲疾呼正義與博愛的人來說，法律謀殺乃是邏輯上必然的命運。然而，耶穌的死採取了古羅馬帝國專為政治反叛者保留的形式，《福音書》（*Gospel*）也把他的死描繪成他自由地（雖然絕不是欣然地）默許的結果。與許多悲劇主角一樣，耶穌使他的命運變成他的選擇。從他在客西馬尼園（Gethsemane）表現的苦惱可以清楚看出，他並不想死，然而如果他沒有死的話，在政治或神學上將毫無意義。

在德國唯心論中，賀德林發展的悲劇理論最為詳盡，同時也最深奧難解。[25]賀德林認為整體只能藉由直覺，以否定的方式，透過不同部分之間的相互衝突來掌握——從人類的角度來說，就是透過個人苦難的現實來掌握。鬥爭與對立強化而非模糊一個人對整體的感受——正因如此，整體的原始完整性只有在各個不同部分最孤立與最個別化時才最能強烈地被感受到，因為這種狀況可以讓各個不同部分各自取得獨特的強度。整體性唯有在各個個別部分追求彼此不相容的目的時才能察覺到自身，而唯有透過這種個別化，整體才能開展力量。只有付出苦難與不一致的代價，精神才能成功與自己合而為一。賀德林評論說：「和解存在於鬥爭之中，所有被分隔的事物，將重新發現自身。」[26]

因此，悲劇發生的時間，往往是不和諧達致頂點的時刻，從喪失統一性

25 賀德林的一些美學論著，收錄於 T. Pfau (ed.), *Friedrich Höilderlin: Essays and Letters on Theory* (Albany, NY, 1988). 也可見他早期的小說，*Hyperion, or the Hermit in Greece* (New York, 1965)。

26 轉引自 Schmidt, *On Germans and Other Greeks*, p. 133.

的直覺中，終於湧現出新的解決之道。敵對的狀態如果要加以克服，就必須推至極端。賀德林在〈恩培多克勒的基礎〉（*The Ground of Empedocles*）提到，個別與普世的衝突聚焦在悲劇主角身上，這些主角就像恩培多克勒一樣，在鬥爭中粉身碎骨。然而，死亡與消逝是重生的核心序曲。沒有絕對的損失，就沒有「更高的」解決。崇高的整體性無法以原貌示人，需要一點世俗的象徵才能現身；這種象徵不亞於遭逢厄運的英雄本身，當英雄被殘酷地擊倒、殺害、化為烏有時，整體的光輝才能毫無阻礙地散發出來。[27] 因此，沒有任何事物可以作為一切的能指，因為只有當有限抹滅自身之時才能目睹無限。唯有把自己的身體奉獻給死亡，才能成為傳達絕對的純粹媒介。

德國美學家弗里德里希・費舍（Friedrich Vischer）在他的《美學》中也提出大致相同的論點。悲劇主體的光輝來自於絕對，儘管與絕對的榮耀相比，悲劇主體是如此微不足道。然而，神明的崇高卻是透過渺小的人類而更加清楚明亮，並且讓作為有瑕疵的容器的人類改頭換面。[28] 同樣地，卡爾・

27 見賀德林的論文 'The Significance of Tragedy', in Pfau (ed.) *Hölderlin: Essays and Letters*.

28 見 Friedrich Theodor Vischer, *Aesthetik, oder, Wissenschaften des Schonen* (Stuttgart, 1858), pp. 277-333.

索爾格（Karl Solger）也在他的美學論文中主張，絕對或觀念無法以本來面目示人，只能藉由某種自然或物質的形式出現；然而，當絕對以這種方式屈從於自然的限制時，也是絕對遭到否定的時刻。[29]因此，觀念只能透過否定的角度來加以掌握，特別是某個人物（悲劇英雄）的毀滅，他注定走向失敗的結局。然而，對索爾格來說，從現實與理想的分裂中還是能找到些許安慰。死亡顯示我們的世俗存在並非通往我們終將取得的永生的適當媒介，如果悲劇的訊息是憂鬱的，那麼它也存在著希望。

賀德林寫道：「悲劇是存在看起來最脆弱的形式，也是存在看起來最充實的形式。」[30]上帝是隱藏的，如同在各各他一樣，祂只會在人類的弱點中現身，為了這個目的，上帝占用了象徵（耶穌），並且讓這個象徵化為烏有來剝奪所有的意義。我們想到聖保羅說的，我們有這寶貝放在瓦器裡，要顯明這莫大的能力是出於神，不是出於我們。[31]我們越是軟弱，我們的道德勝

29 見 K.W.F. Solger, *Vorlesungen uber Aesthetik* (Leipzig, 1829), pp. 296-7.
30 轉引自 Billings, *Genealogy of the Tragic*, p. 189.
31 見保羅，《哥林多後書》，4:7。

利就越歸功於神的造化，神因此從我們的軟弱中獲得榮耀。然而，賀德林筆下的恩培多克勒卻反對有限、失去自我與片面這些否定的途徑（via negativa），他不相信不採取這個途徑就找不到通往絕對的真正進路。恩培多克勒不願屈服於時間與物質的限制，而渴望立即與整體合而為一——他只能藉由超越自身的殊異性來達成這個目的，也就是自殺。在與自然合而為一的渴望下，他尋求一種過早的與世界的和解，於是朝著埃特納火山（Mount Etna）一躍而下。

對賀德林來說，人類與自然的關係可以公允地形容為悲劇。自然本身是沉默的，需要創造性的語言才能溝通——也就是說，沒有藝術的抄寫員，自然就無法顯示自身的豐富。但是，任何插入到自然與人類之間的媒介，終將使兩者分離，並且把人類意識從尋求與之合一的領域中逐出。詩意的語言因此既統一又分離，形成一個既創造又毀滅的處所。詩人想真正完成為自然發聲的任務，就必須放棄自己的主體性，與自己周遭的一切合而為一，在這種狀況下，詩人將變得與自己試圖為其發聲的山川海洋一樣，變得啞口無言。

儘管存在這種諷刺，賀德林持久不變的本能依然是和解。在一個分裂與反叛的時代裡，我們需要重新掌握狄俄倪索斯的精神，化解敵意，達成一致——賀德林相信這個解決方式曾經一度在法國大革命的平等與博愛中找到政治的完美典型。與之後的尼采一樣，賀德林認為狄俄倪索斯的精神代表一種原初的與一切有生命之物的統一；雖然絕對持續採取個別的災難形式，但絕對卻超越它所產生的種種不幸。這種悲劇理論，就像絕大多數德國唯心論的悲劇理論一樣，實際上是一種神義論。苦難、自我剝奪與無情的個人主義乃是道德勝利的核心序曲。精神的指引之手可以從精神市場的一片混亂中窺知。我們已經遠離了尤里比底斯、約翰・韋伯斯特（John Webster）或尤金・歐尼爾的世界。事實上，重要的是，這個時期的德國悲劇理論相對來說對於尤里比底斯的戲劇或塞內卡充滿血腥的劇作著墨不多，因為這兩名作者都未能提供觀眾太多教化的內容。[32]

黑格爾寫道：「除了單純的恐懼與悲劇的同情，我們也擁有……和解的

32 即使塞內卡的作品被列為具有治療功用的劇作，可以說服觀眾面對內心的魔鬼與驅除內心的熱情。見G. Staley, *Seneca and the Idea of Tragedy* (Oxford, 2010)。

情感。」[33]也難怪黑格爾會因為席勒《華倫斯坦》的結尾而感到痛苦，因為這齣戲最終似乎嘲弄了神意與詩意中的公義。「恐怖！」黑格爾叫道：「死亡勝過了生命！這不是悲劇，而是可怕！」[34]對比之下，黑格爾自己的悲劇理論則認為不一致與分裂最終將會涵攝到統一之中，他把這個統一稱為倫理實體。與一般歷史一樣，在悲劇藝術中，絕對與自身分離，進入到自我對立的狀態，然後像基督一樣墮入到如地獄般充滿失落、徒勞與苦惱的世界；但是，絕對的這種做法只是充當一種核心條件，使自己能提升到更崇高的地位。戲劇是特別適合於這種辯證法的一種媒介，相較於史詩處理的主要是客觀事件，抒情詩表現主觀心境，戲劇則有利於展現意識與歷史現實之間的衝突（與一致）。黑格爾認為，古希臘人在世界精神演進的早期階段就能夠取得這類一致性，而今日的世界精神則正以更具野心的規模重新創造自己。

因此，悲劇的韻律與哲學的內在結構融為一體，而在黑格爾眼中，後者

33 Paolucci and Paolucci (eds), *Hegel on Tragedy*, p. 51.

34 轉引自 Billlings, *Genealogy of the Tragic*, p. 150. 關於黑格爾論悲劇的有用描述，見 Stephen Houlgate, 'Hegel's Theory of Tragedy', in Stephen Houlgate (ed.), *Hegel and the Arts* (Evanston, IL, 2007). Rowan Williams 討論一個對黑格爾悲劇美學的和解觀點提出批評的例證，見他的 *The Tragic Imagination* (Oxford, 2016), ch. 3。

指的就是辯證法。米格爾・德・貝斯特吉表示：「哲學是悲劇清楚進行表達的地方。」[35]又如彼得・桑迪（Peter Szondi）指出的，黑格爾《精神現象學》把悲劇置於自己的思想核心之中[36]——雖然人們也可能主張，哲學因為從存在層面對悲劇進行反思，因此比藝術形式更能把悲劇抬升到自我意識上。同樣地，世界精神需要黑格爾的思想才能達到完整圓滿的程度。精神的演進採取悲劇形式，但這不表示精神最後將遭遇棘手的結局。辯證法同時包含對立與統一，失去與失去的超越。黑格爾表示：「歷史精神的偉大，主要顯露在分離與死亡，犧牲與鬥爭上。」[37]丹尼斯・史密特認為：「矛盾、否定、犧牲與死亡如此徹底地滲透到精神生命之中，因此自然而然地成為精神生命的一部分，甚至成為精神真實的定義……」[38]透過一段脫離常軌與誤認的過程，世界精神持續往它的「目的」（telos）前進。[39]在悲劇藝術中，這段充

35 Beistegui and Sparks (eds), *Philosophy and Tragedy*, p. 33.
36 見 Peter Szondi, *An Essay on the Tragic* (Stanford, CA, 2002), p. 20. 也可見 G.W.F. Hegel, *Aesthetics: Lectures on Fine Art*, 2 vols (Oxford, 1975).
37 轉引自 Szondi, *An Essay on the Tragic*, p. 27.
38 Schmidt, *On Germans and Other Greeks*, p. 90.
39 見 Roberts, *The Necessity of Errors*, pp. 203-4.

滿大錯與死胡同的歷史，最終將提供我們一個永恆正義的願景。這段過程也讓我們培養出一種教化的情感，而不是震撼、恐怖或同情，也就是說，一旦道德宇宙重新恢復平衡，平靜的心態將油然而生。在黑格爾眼中，這跟鬥爭和矛盾一樣，都對悲劇極為關鍵。除了崇高之外，我們也抱持著不朽的幻想。個人的生命也許會遭到粉碎，但存有本身則總是享有幸福不受傷害。我們可以從尼采的作品中看到類似戰勝死亡本能的狂喜。悲劇與崇高都具有兩種對立的面向，使我們在沉溺於死亡驅力的同時，又能超越死亡驅力。

對黑格爾來說，與賀德林和尼采一樣，無限只會以否定的外觀出現，與個人生活有限而片面的本質相對立。弗里德里希．費舍的《美學》把這個信念更往前推了一步：只是作為一個個人而存在，等於粉碎了整體的統一性，也因此犯下沒有名稱的罪行。[40] 弗里德里希．黑貝爾（Friedrich Hebbel）也提出類似的觀點：個別化是絕對本身的產物，但只以作為一個個人而存在，則違反了整體的自我同一。[41] 黑格爾認為，古希臘悲劇的人物代表實質的倫

40 見 Vischer, *Aesthetik*, pp. 277-333.

41 見 Friedrich Hebbel, *Mein Wort Uber das Drama* (Hamburg, 1843), pp. 34-5. 為什麼有這麼多德國唯心論思想家名字叫弗里德里希，這點也值得寫一篇論文探討。

理力量，他們身處的世界並不看重偶然性或個人的獨特性。當這些人物彼此衝突時，他們在戲劇的真實主角內部創造出暫時的裂痕，這個真實主角就是精神或倫理實體本身。在克瑞翁與安蒂岡妮的例子裡，雙方的要求各有理據，但雙方都必須否認對方的主張才能證明自己的正當性，因此雙方都是有罪的、無效的與不公義的。這裡的錯誤不在於特定利益的性質，而在於一方的利益侵犯了他方的利益。劇作本身不需要讓這些彼此競爭的力量取得平衡，如《安蒂岡妮》就明顯沒這麼做；但我們從各方力量代表人物的毀滅，看到剛被確認的絕對，就像真實源自於片面知識一樣。現在，我們的靈魂可以獲得片刻寧靜，理解鬥爭與逆境乃是精神上升的必要條件。秘密的理性所指引的，很可能是完全找不到目的的歷史。

黑格爾說：「在悲劇中，永恆的實體會在和解模式下成功獲得證明。」[42]克瑞翁與安蒂岡妮雙雙遭遇不幸的結局，這不僅符合公義，也合於理性，因為這能修復精神遭受的損害。永恆的正義在力量的衝擊下受到短暫

42 轉引自 Paolucci and Paolucci (eds), *Hegel on Tragedy*, p. 51.

破壞，但隨著打破和諧的個別力量崩解，永恆的正義也獲得重建。然而這種說法很難用來說明塞內卡的《美狄亞》或米德爾頓（Middleton）的《復仇者的悲劇》（*The Revenger's Tragedy*），更別提布萊希特的《勇氣媽媽》（*Mother Courage*）或約翰·阿登（John Arden）的《馬斯格雷夫中士的舞蹈》（*Sergeant Musgrave's Dance*）。與絕大多數悲劇哲學家一樣，黑格爾從範圍有限的作品中建立起一般性的理論。如果和諧可以恢復，那麼有部分的原因在於——根據黑格爾的判斷——就像現實生活一樣，悲劇裡沒有無法解決的困境。[43] 皮耶·高乃依（Pierre Corneille）的戲劇也許可以拿來驗證這項主張。在《辛拿》（*Cinna*）中，主角辛拿如果行刺奧古斯都（Augustus），那麼他將成為叛國者，然而如果他不行刺，他將失去艾米莉亞（Emilia）的愛。即使如此，皇帝仁慈的寬恕使劇作有了皆大歡喜的結局。《希德》（*Le Cid*）的唐羅德里戈（Don Rodrigo）被迫要在為自己父親的死復仇與自己對希梅娜（Chimena）的愛之間做選擇，而希梅娜則是要在對唐羅德里戈的愛與對遭到唐羅德里戈

43 關於不可解決的困境的觀念研究，見 Rosalind Hursthouse, *On Virtue Ethics* (Oxford, 1999), ch. 3.

殺害的父親唐戈梅茲（Don Gemez）盡孝之間做選擇。最後，這對戀人和解了。然而，我們不難想像這些例子可能出現非常不同的結局，或在藝術裡（我們想到湯瑪士・哈代）找到一些處境，無論你怎麼做，都有可能對他人造成潛在致命的傷害。叔本華提到戲劇角色「彼此的關係犬牙交錯，他們的立場迫使他們在知情且故意之下對彼此做出嚴重傷害，但他們沒有任何一個人完全是錯的」。[44]然而，這些人也可能不完全知情，也可能不是存心造成傷害。對比之下，黑格爾成了「只要出現問題就一定會有解決方案」這個廣為流行的謬誤的受害者。

在黑格爾眼中，只要談到和解，悲劇與喜劇就沒有太大差別。更確切地說，喜劇會以悲劇的結局，也就是愉快的精神，來作為自己的基調。即使如此，黑格爾並未因此忽略歷史的屠殺場。相反地，他對歷史敘事的看法——充斥著道德上的醜惡，幸福的景象只是偶爾出現，而且大部分局限在私人領域——顯然十分陰鬱。不可否認，悲劇對絕對的統一造成的破壞都在可回復

44　轉引自 Raymond Williams, *Modern Tragedy*, p. 38.

的限度之內，儘管如此，悲劇造成的損害仍十分巨大。黑格爾在《精神現象學》序言表示，精神不會平順地穿過否定性，它必須被否定性「拖延」，墮入到地獄之中，而非努力尋求立即復活。黑格爾告誡我們，我們必須傾全力堅持（所有事物中最令人恐懼的）死亡。

凱撒、亞歷山大與拿破崙，這些所謂的世界歷史人物，他們所到之處帶來各種破壞，生靈為之塗炭。然而，這也是精神走向自我實現的結果。總而言之，我們不能對歷史受害者太心軟。悲劇是太高尚的事務，不能被尋常的同情所左右。黑格爾嘲弄說：「你那些鄉下的遠親早就準備好要接受這個秩序的同情。」[45]黑格爾與尼采至少在這點上意見一致。我們馬上會看到，尼采對於舞台上的屠殺毫無同情心，黑格爾也是，布萊德利的《詩學講演錄》（*Lectures on Poetry*）提到黑格爾完全談不上有任何人性的悲苦。從這點來看，我們也許可以說，這兩名思想家與亞里斯多德是一樣的。對他們而言，和解的愉悅比憐憫與恐懼的不適更為重要。就算我們感覺到他們有憐憫之心，那

45 轉引自 Paolucci and Paolucci (eds), *Hegel on Tragedy*, p. 50.

也不是針對角色本身，而是角色代表的倫理主張。在這個崇高的願景裡，單純的不幸幾乎沒有地位，純粹的偶然更不用說。悲劇絕不可能出於偶然。葉慈也無法從車禍中看出任何一點悲劇。

黑格爾特別關切的是個別與普世的衝突，而這種衝突需要新形式的人類社群來解決，在建立這個社群的過程中，悲劇扮演著輔助角色。在唯心論與浪漫主義時代，歐洲資產階級致力成為一個集體而真正普世的階級，然而這樣的主張卻很難與資產階級的個人主義相協調。馬克思看出國家中過於抽象的公民，與市民社會過於個人化的主體之間的衝突。黑格爾認為，現代性必須讓倫理生活的絕對與相對形式能協調一致，也就是說，讓政治國家的普世領域與個人需求和權利的領域協調一致，後者包括家庭、女性、身體、市民社會與具體的殊異性。黑格爾相信，《奧瑞斯提亞》的結局正表現出這樣的和解關係，憤怒女神支持的親屬家庭權利與血緣聯盟，最終併入雅典國家，成為其中的一部分。然而，對這個主題最充分的陳述應該是《安蒂岡妮》，黑格爾認為這是所有藝術作品中最崇高宏偉的一部，它表現出世界歷史的衝突，一方是支持血緣、家庭、女性地位、個別性與神聖律法的安蒂岡妮，另一方則是代表男性、普世國家的克瑞翁。相較於家庭或私人領域，國家是精神上較為高等的組成，並且保留了統治個人生活的權威。人民唯有透過自己已經準備好為保衛國家而犧牲，才能真正展現國家的自由。但國家也不能恣意地壓制市民社會與家庭領域，因此就這一點來說，安蒂岡妮的做法並無不妥。儘管如此，安蒂岡妮的立場過於偏頗，因此難以獲得比克瑞翁更多的支持。黑格爾認為，真實處於整體之中。然而諷刺的是，這種說法也不公正，很容易遭到反駁。馬克思認為真實是一種片面的說法，而之後他也將實際證明這一點。

對歌德來說，和解觀念與悲劇情感是不相容的，因此他應該不會接受黑格爾的悲劇理論（當時還未實際提出悲劇理論這樣的詞彙）。歌德認為，凡屬悲劇的事物，都建立在無法化解的對立上，一旦出現解決的曙光，悲劇隨即消失。[46] 歌德自己的戲劇便以抗拒悲劇精神著稱。浮士德的靈魂奇蹟似地去除他曾目睹的恐怖，最終在神恩下整個人煥然一新。如果浮士德獲得救

46 見 A. Maria van Erp Taalman Kip, 'The Unity of the *Oresteia*', in Silk (ed.), *Tragedy and the Tragic*, p. 134.

贖，那是因為（用拉岡的話來說）他拒絕屈服於無盡成長與無限移動的欲望，而且不允許這類欲望萌生的致命匱乏破壞這項計畫。《陶里克的伊匹格尼亞》的結局肯定了慈悲與殷勤款待。在歌德《艾格蒙特》的末尾，死亡的陰影反而激起主角的生命熱情。在這種平靜的古典人文主義中，不可能有終極的失去或失敗。古典人文主義極其成熟而圓滿，其特有的沉靜難以被真正地撼動。儘管如此，歌德與黑格爾及其同事並無根本上的衝突。雙方都讚揚以和解為結局的戲劇。問題只在於你是否準備好要將這樣的戲劇稱為悲劇。

對於黑格爾的死對頭叔本華來說，歷史當然無法揭露理性的設計，他認為歷史更像是鄙陋的滑稽劇。歷史是帶有惡意的意志的產物，這種意志是一種盲目的衝動，現代也許更喜歡將這種意志稱之為欲望，歷史因此居住著「一群需索無度的生物，他們持續短暫的時間，僅僅只是吞噬彼此，在焦慮與困苦中傳遞存在，而且經常忍受著恐怖的折磨，直到最後落入死神懷抱為止」。[47]這些關於欲望、突然增強的野心與互相殘殺的戰爭的庸俗敘事，要

47 Schopenhauer, *The World as Will and Representation*, vol. 2, p. 349.

拿來與悲劇的地位相比，恐怕連想都不用想。就算歷史為高尚戲劇設立場景，我們依然會搞砸歷史呈現給我們的精神高尚的良機。叔本華評論說：「我們的生活肯定包含了各種悲劇的苦難，儘管如此，我們還是無法主張自己擁有悲劇人物的尊嚴，從廣泛的生活細節來看，我們不可避免將淪為喜劇中的愚蠢角色。」[48] 歷史是低俗的滑稽劇，不是高尚的宏偉大戲。叔本華表示：「人們完全搞不清楚為什麼悲喜劇會存在，因為這種劇沒有觀眾，而演員自己則經歷了無止盡的憂慮，伴隨而來的卻只有一點點否定的愉悅。」[49] 跡近盲目、貪得無饜的欲望，是人類悲喜劇的驅力，而人類只是欲望的挑夫或僕役，是欲望用來進行無意義自我再製的工具。

叔本華寫道：「所有的意志（willing）源自於匱乏、不足，因此也來自於苦難。」[50] 意志位於一個人存有的核心，所以我們可以感受到意志存在於我們的身體內部，這種感受遠比我們對其他事物的認知來得直接；然而意志

48 Ibid., vol. 1, p. 322.
49 Ibid., vol. 2, p. 357.
50 Ibid., vol. 1, p. 196.

作為一種興風作浪的力量，絲毫不在意我們的福祉，它既讓人感到陌生，也讓人找不到明確特徵。我們的欲望最不能稱為是我們自己的。彷彿我們背負內心的無意義造成的毫無生命力而令人難以忍受的重量，這種無意義構成我們存有的原則，彷彿當中永遠充斥著怪物。現在，致命的瑕疵出現在主體性這個類別上，而不只是主體性的扭曲、分裂或隔閡。對叔本華來說，最明顯的莫過於應該將這整個無意義的計畫完全取消，而理由也明顯不是單純的脾氣古怪而已。叔本華評論說：「五歲進入棉紡或其他工廠，然後每天就坐在工廠裡面，一開始十小時，然後十二小時，最後是十四小時，從事著千篇一律的機械工作，活著的愉悅，代價竟是如此昂貴。」[51]能夠將我們從主體性的監獄中釋放出來的是美學。在這個極度不帶感情的狀況下，所有的欲望都從我們身上落下，而我們看見了事物的核心，彷彿被引領著來到康德「物自身」（Diang-an-sich）的面前。在這寶貴的時刻，我們融入純粹、意志較少的知識主體中，因此能擺脫意志的奴役，逃離欲望的掌控，並且達到完全客

51 Ibid., vol. 2, p. 578.

觀性的狀況。這令人想起萊納．瑪利亞．里爾克（Rainer Maria Rilke）的詩〈安魂曲〉（*Requiem*）裡的幾行詩句：

你的凝視如此毫無好奇，
如此一無所有，
如此一貧如洗，
你的凝視甚至對你自己也無欲望，
它什麼也不想要：神聖的

最蒙福的狀態是與我們沉思的事物合而為一。世界唯有透過美學化的過程才能從意志解放，而在這個過程中，欲望主體逐漸縮小到接近消失，成為一個純粹而自我湮滅的洞見，就像一個人在華麗的繪畫或美麗的雕刻前看得入神。唯有能克制自己的人才能算是有美德的人，光是能短暫地克服需求與強烈自利心，我們很難判斷這樣的人是哪一種人。康德美學上的無私彷彿成了一種孤注一擲的生存策略；但這種做法也是一種愉悅地對死亡的預嘗，就像剝除掉我們的日常存在，使我們只剩下純粹否定的狀態，我們在體驗到死亡驅力的愉悅的同時，也知道自己已無其他東西留下可受到死亡驅力的傷害。

美學因此是對不朽的預嘗。就像莎士比亞《一報還一報》裡精神錯亂的巴納戴因（Barnadine），他藉由精神自殺而在死神找上他之前預先體驗自己的死亡。唯有透過自我犧牲，主體才能獲得拯救。我們思考世界的時候，必須彷彿自己是從世界之外來觀看這個世界。處於這種存有的閾限狀態，我們既活著，又像死了，我們能夠移動，又無法動彈，我們可以站在崇高的位置，以至高無上的超然態度俯視歷史的瘋人院，把人類景象當成劇場中的猜字謎遊戲，人類在痛苦中尖叫怒吼，從遠處看來不過是舞台上無所事事的喋喋不休。在此同時，我們也認識到自我的虛構地位，它不過是不朽意志設計出來的小玩意兒。

當我們這麼做的時候，個人與個人之間的區別消失了。個體化原則（*principium individuationis*）被揭露是一場騙局，因為在你的認同核心裡存在的不相容事物，也存在於我的認同核心中，於是自我有可能藉由同情的方式彼此交換。因此，美學不僅提供我們倫理學，也提供我們知識論，因為自我主義已被相互同情取代。諷刺的是，這是因為主體已經完全遭到分離，被放在遠離人類歷史沾了血汙的蹣跚腳步之上，因此能自由地同情所有事物與所有人。我們可以這麼說，主體的同情其實是一種漠不關心。尼采也認為個別的生活是一種幻覺，我們不久就會談到這一點；但尼采對於這種幻覺的破滅感到開心，相較之下，叔本華則非如此，尼采的想法因此超出了倫理學領域之外，進入了相當嚴酷的形上學形式。但是，雖然個別的存在缺乏根據，卻能在尼采的觀點中產生宏偉的幻想，用來遮蓋世界的無益，從而讓世界變得可以忍受。這樣的美學景象，尼采稱為阿波羅精神。對比之下，對叔本華來說，這樣的外觀不過是純然的空虛。如果對尼采來說，美學證明了存在的恐怖的合理性，那麼美學提供給叔本華的則是遠離這份恐怖的逃脫路線。對尼采來說，存有的本質——狄俄倪索斯精神——必須加以確認；對叔本華來說，存有的本質則是貪婪的意志，必須加以駁斥，然而我們無法確知駁斥的行為本身是否也是另一種貪婪的意志。

對於人類存在的悲喜劇，叔本華的回應採取了聽天由命的形式。唯有棄絕盲目的存在驅力，我們才能過自己該過的生活：謙卑、不貪婪、對自己的同胞身處的困境懷有無限的憐憫。如果悲劇與贖罪有關，那麼悲劇救贖的不是英雄的罪，而是原罪，也就是存在的罪。唯有棄絕意志，才能克服意志。然而這場慘烈的勝利，代價是驚人地高昂，幾乎等同於將主體性本身也消滅殆盡。至此，我們已經遠離悲劇的肯定與超越。當然，我們可以感受到崇高，但這份崇高並非出自和平共存的願景，也不是出自對宇宙本質理性的洞察，而毋寧出自於深信在這個世界上，最終來說沒有任何事情是重要的。悲劇並不渴望超越日常生活以達致永恆榮耀的領域，而是心懷蔑視地否定這一整個毫無成果的事業。再也沒有人努力解決自由與必然性之間的矛盾，因為前者不過是個騙局。再也沒有人為了正義而高聲疾呼，因為正義也是場詐騙。英雄的自我犧牲同樣沒有意義，因為自我與世界都不值得我們重視，人不可能為了自己一開始就不珍視的事物而犧牲。這裡也沒有自我實現的倫理立足的空間，因為自我不過是意志掀起的波浪上面的浮沫。

因此，悲劇藝術是意志抬升成自我意識並且面對自身的漫無目標的一種表現。在顯示悲劇的強大力量是一種自我分裂的力量之後，我們可以認識到悲劇的毫無價值，而且和悲劇一樣進入到一種漠不關心的狀態。身為觀眾的我們理應優於舞台上的悲慘內容，戲劇裡那些大膽的人物不應該使我們相形見絀，淪為平庸的凡人。席勒、謝林、賀德林、黑格爾與他們的同事的作品才剛推崇悲劇是顯示真實、正義與自由的一種至高無上的方式，叔本華就馬上將悲劇視為虛無主義的幫兇。直到尼采才又將悲劇視為英雄的美德。

然而在尼采之前，還有齊克果對悲劇概念進行反思。對齊克果來說，悲劇並非最終局的事物。根據他的判斷，悲劇屬於倫理領域，其存在狀態的崇高程度僅次於宗教信仰。因此，齊克果在《畏懼與顫慄》（*Fear and Trembling*）裡把亞伯拉罕（Abraham）的地位放在阿加曼農之上。[52] 最終，只有信仰才能找到與矛盾共存的方式，而悲劇則是試圖解開矛盾。如果矛盾無法在智性上和諧共處，那麼就只能從存在層面將矛盾綁在一起。其實衝突不是只有解決或放任不管這兩種做法，齊克果提出了第三種可能——如果矛盾無法在理論層次進行和解，那麼就從日常經驗的實踐中暫時將矛盾結合起

52 見 Søren Kierkegaard, *Fear and Trembling* (Harmondsworth, 1987), esp. *Problema 1*.

來。

如果叔本華讚揚悲劇是對生命的否定，那麼尼采則是堅持狄俄倪索斯的戲劇以及這種戲劇表現出來的藝術使古希臘人得以超越虛無主義觀點。我們已經提過，尼采認為悲劇以及一般藝術不僅能增益生命，還能保存生命。他在《偶像的黃昏》（*The Twilight of the Idols*）中表示，藝術不是悲觀主義，而是對悲觀主義的回應。對古希臘人來說，藝術可以讓我們不受人類存在帶有的野蠻的摧殘，悲劇也是讓我們能生存下去的高貴謊言。藝術是一種媒介，使我們能將叔本華式對人生無益的憎惡，轉變成一連串吸引人的意象。我們正走向現代主義的陳腐，藝術作品可以為無定形的現實注入一定程度的秩序。對尼采來說，藝術是一種不可或缺的虛假意識形式。藝術不再是顯露現實之物，而是對抗現實的屏障。

然而，美學不只是幻覺，因為美學也將我們提升到更高的意識狀態。美學是鴉片劑，但也是補藥。尼采在《權力意志》中表示，美學提供我們基本的手段，使我們的存在成為可能，美學是人生的誘惑物，也是人生的興奮劑。少了美學，我們可能在真實中毀滅——其中一項真實就是世上沒有真實，至少形上學者是這麼認為的。悲劇的淨化效果不如精神療法，它只是無限加強後的庸俗幻覺，尼采認為，這種幻覺充斥於日常存在之中，現代也許會把這種幻覺稱之為意識形態。然而，儘管藝術是較為高級的幻覺，尼采卻相當大膽地把藝術貶低為純粹的假象，他的文明最珍視的價值因此遭到破壞。就這個意義來說，尼采嚴重背離了唯心論傳統，儘管如此，尼采依然在其他方面深受唯心論傳統的影響。舉例來說，尼采認為悲劇可以作為世上一切苦難的慰藉，這個觀點其實很容易與唯心論傳統對和解的強調相容。

如果科學與理性主義是悲劇的死對頭，那主要是因為科學與理性主義反對悲劇認為的宇宙是個充滿恐怖、偶然、混亂與奧祕的地方，而科學與理性主義也不認為需要有教化性小說來掩蓋世界無法合理說明一切的災難性失敗。尼采主張這類幻想是有必要的，但他的理由相當變態：如果你想從掩蓋一切的意象中得到快樂，那麼你需要殘酷與艱苦，這就像一個人也許能從斷掉的四肢中得到愉悅，因為麻醉劑可以讓他擁有愉快的美夢。美似乎需要以痛苦為基礎。在高度依循傳統的美學中，藝術的內容依然是統一、和諧與崇高，但也伴隨著對人類狀況毫不隱諱的陰暗描述。對黑格爾來說，悲劇是理性的與前後一貫的，因為這才是現實的根本性質；對尼采來說，現實既不理性，也不一貫，因此悲劇為我們呈現了和諧的意象。藝術裡的解決方式，正是生活缺乏解決之道的結果。有文明的地方，就必定有野蠻。因此，尼采的悲劇理論也是一種政治諷喻。群眾的不幸是美學菁英繁榮發展的必要條件。事實上，尼采居然厚著臉皮表示，為了這個目的，一般民眾的不幸應該加重，不應該減輕。

以拉岡的術語來說，《悲劇的誕生》向想像界（或阿波羅的意象領域）尋求幫助，想從精神層面對抗現實界淫穢愉悅的破壞，尼采在書中把後者稱為狄俄倪索斯精神，日後又稱為權力意志。[53] 拉岡提出的第三個領域，象徵界，在尼采的思想中並未獲得太多關注，因為這位「超人」的擁戴者不願紆尊降貴地接受這類陳悶的傳統事物作為悲劇的倫理與政治內容。在尼采眼裡，藝術不是一種認知形式，而是一種更值得讚賞的形式。悲劇因此超越了

53 關於略為不合理的為狄俄倪索斯精神做的辯護，這個辯護未能注意到狄俄倪索斯精神不僅帶有產生生命的意義，也帶有恐怖主義的氣息，見 Paul Gordon, *Tragedy after Nietzsche* (Urbana, IL and Chicago, 2001)。也可見 Peter Sloterdijk, *Thinker on Stage: Nietzsche's Materialism* (Minneapolis, MN, 1989). 對《悲劇的誕生》的詳細文本分析，見 Paul de Man, *Allegories of Reading* (New Haven, CT and London, 1979), ch. 4。

恐懼、內疚、懲罰、正義與悔恨這些一般概念，這些概念其實更適合城市以外的民眾，而不適合舞台。

如果阿波羅精神扮演的是叔本華的表象角色，那麼狄俄倪索斯精神就等同於叔本華的意志。然而，前者要比後者更為矛盾，它混合了自身的致命力量與無限熱情。就像拉岡的「痛苦的愉悅」（jouissance），阿波羅精神混合了生存本能與死亡本能。但是，阿波羅與狄俄倪索斯不僅相互依存，也相互衝突。首先，狄俄倪索斯精神會產生自我掩飾的阿波羅精神，就像在佛洛伊德的觀點中，自我（ego）與超我（superego）的力量來自於不遵循任何規則的本我（id）。在尼采眼中，宇宙本身就是一個狄俄倪索斯式的藝術家，他持續地產生具誘惑力的意像，把欺騙併入到宇宙本身的結構裡。其次，如果阿波羅精神是狄俄倪索斯精神的一種影響，那麼阿波羅精神必然帶有狄俄倪索斯精神的痕跡，而非完全將其掩蓋起來，就像佛洛伊德的夢以一種適當修飾的形式來顯露無意識的某種混亂真實。透過幻想，現實界才得以顯現。此外，狄俄倪索斯精神需要阿波羅精神的統一性與自我規訓，就像「超人」將日常自我灌輸到令人滿意的美學形貌中，從而克服了日常自我的混亂。所以，狄俄倪索斯說著阿波羅的語言，而阿波羅也說著狄俄倪索斯的詞彙。從旁觀者的立場來看——旁觀者既容易受騙，又能看得分明，既盲目，又有洞察力——這兩個領域是無法清楚劃分的。

阿波羅精神也許對狄俄倪索斯精神避而不談，但阿波羅精神允許我們對它深不可測的智慧產生洞察。在阿波羅精神的領域中，我們在蒙福的短暫片刻，身處於時間、變遷與衝突之外；在狄俄倪索斯的領域中，鬥爭與騷亂永遠沒有結束的一天。就某個意義來說，世界的真實是變動的，過去的悲劇對此哀嘆不已，但尼采卻對此大肆頌揚，然而從另一個意義來說，事物在本質上並沒有出現任何變化。流血與殘忍的行為依然持續，只是以各式各樣數量繁多的形式表現。致命的傷害與相互的敵對構成了存有本身。這是為什麼——黑格爾的看法與此不同——存在本身不可能出現根本性的和解，而只能在存在本身產生的藝術裡出現幻覺性的和解。

阿波羅精神使狄俄倪索斯精神的恐怖得以昇華，修飾它的狂喜，並且在它的永恆混亂上加諸秩序。阿波羅精神也將秩序加諸在自我身上，用虛構欺騙我們，讓我們以為自己是統一的行動者，因而讓我們採取建設性的行動。

若非如此，我們會發現自己被毛骨悚然的荒謬歷史、自我陶醉還有以人類歷史為名而大行其道的精神疾病麻痺。佛洛伊德也認為，相對於本我，自我扮演著類似阿波羅精神的角色。無意義因此被恢復了意義，如同狄俄倪索斯從酒醉者被轉變成夢想家。當尼采主張宇宙只能透過美學加以合理化時，他心裡想到的正是這一點。相反地，對叔本華來說，以美學的透鏡隔著一段距離觀察，可以讓我們認識到這個世界完全無法合理說明。

尼采認為，使悲劇獲得無與倫比的價值的並非舞台上人物的痛苦，而是觀眾泰然自若的凝視。當我們看著悲劇演出，全神貫注在戲劇之中，回味自己孩提時期對永生的幻想時，我們欺騙了死亡驅力。在此同時，當我們像叔本華式的旁觀者一樣，被運送到無時間、無意志、無地方的純粹沉思核心時，我們逐漸了解這場龐大的宇宙競技醜惡與畸形的一面，並且肯定其中也帶有較為和善的特徵。再一次，我們發現悲劇是一種神義論形式：沒有痛苦就沒有祝福，沒有枯萎凋謝就沒有繁榮茁壯，沒有自我殘害就沒有至高無上的地位。所有真正的藝術，其核心都是苦難。悲劇藝術家積極尋求痛苦，肯定一切人類存在都是可質疑的與恐怖的。悲劇是最甜蜜的殘酷。生命越是部署最強大的武器來對付你，你越應該虔誠地向生命臣服效忠。對尼采來說，痛苦與自我壓抑乃是「超人」來臨前的核心序曲，這是痛苦與自我壓抑未遭到否定的理由之一。力量強大的目的論在這裡運作著。但當下的敵對不代表就能順利通往未來的英雄主義。尼采也隨即表現出對這類事物的陰森喜好。如果黑格爾是用一種貶低的眼光看待人類的艱困，尼采則是予以喝采讚揚。他在《歡愉的智慧》評論說：「自己的天堂之路，總是要穿過自己的地獄帶來的感官愉悅。」[54]

苦難除了帶來其他好處，也在性格的建立上扮演著形成角色，這也是尼采對於憐憫、恐懼與同情這類女性情感如此蔑視的原因之一。尼采嘲弄說：「把所有的痛苦視為一種障礙，一種必須去除的事物，是極其愚蠢的。」[55]看到人們受苦，內心會有一種強烈的快感。看到悲劇英雄遭遇苦難，雖然內心感到難過，但這種感受遠遠比不上看到悲劇英雄被毀滅時心中萌生的至福感。尼采表示，古代人把讓他人受苦當成最吸引人的事，而且認為殘酷的愉

54 Nietzsche, *The Joyful Wisdom*, p. 266.
55 Nietzsche, *Ecce Homo*, in Kaufmann (ed.), *Basic Writings of Nietzsche*, p. 785.

悅是奉獻給神的最可口的香料。愛好嬉戲、自我取樂、漫無目的、富足豐饒的狄俄倪索斯精神，透過不計代價、放浪形骸的贈禮宴，甚至願意犧牲自己的最高類型，並且歡天喜地地保證更加光輝燦爛的類型終將伴隨而來。

「愉悅就是悲劇。」尼采的忠實追隨者吉爾·德勒茲評論說。[56]「對於死去的人來說，悲劇肯定是愉快的。」奧古斯塔·格雷戈里（Augusta Gregory）如此表示。[57]這樣的情感很可能讓馬羅（Marlowe）的浮士德（Faustus）或歌德的維特（Werther）感到吃驚。尼采寫道，悲劇英雄，「意志的最高展現，因為我們的愉悅而遭到否定，因為他只是一個現象，因為意志的永生不因他的毀滅而受影響」。[58]英雄的失敗顯露了存有或變遷本身不可摧毀的性質，這種性質就跟叔本華的意志一樣，對於存有或變遷本身任何短暫的展現漠不關心，而其多產的程度難以衡量，可以將其產生的任何數量的豐沛生命形式奉獻給死亡。

---

56 Deleuze, *Nietzsche and Philosophy*, p. 17.

57 轉引自 W.B. Yeats, *Essays and Introductions* (New York, 1961), p. 523.

58 Nietzsche, *The Birth of Tragedy*, in Kaufmann (ed.), *Basic Writings of Nietzsche*, p. 104. 關於尼采作品的詳細研究，見 Paul Raimond Daniels, *Nietzsche and the Birth of Tragedy* (Stocksfield, 2013).

尼采或許是現代最辯才無礙的基督教鞭笞者。他認為基督教是一種病態、否定生命、把苦難當成救贖的崇拜儀式。尼采以浮誇的文字表示，這個時代必須在狄俄倪索斯與被釘十字架的人之間做出選擇。然而，禁欲的基督教理想不是那麼容易就加以摒棄。透過為痛苦與艱難賦予意義，無論這些意義如何虛有其表，基督教在鼎盛時期得以保存人類經驗免於受到致命的虛無主義影響。因此，生命狡猾地藉由否定自己來宣揚自己。自我厭惡與自我折磨稱職地維持人類物種的存續。然而真實的狀況是，對苦難高唱讚歌的其實是尼采，而尼采鄙視的基督教卻視苦難為邪惡。斯拉沃熱·齊澤克錯誤地主張尼采與基督教是相近的，他以為尼采「完全接受苦難與痛苦是獲得救贖的唯一方式」。[59]事實上，尼采對苦難抱持著正面態度，但《新約》卻不是如此。在《福音書》中，耶穌從未勸告病人聽天由命。相反地，耶穌似乎認為病人的眼盲、跛足或瘋狂是撒但造成的，他因此花了許多時間醫治他們。在客西馬尼園裡，耶穌想到自己即將被釘十字架，不禁苦惱得陷入恐慌。在尼

---

59 Slavoj Žižek, *The Puppet and the Dwarf* (London, 2003), p. 81.

采的觀點中，為了享受生命的豐富，苦難必須獲得肯定，然而在《新約》裡，疾病與生命的豐富顯然是不相容的。如果痛苦與艱難是不可避免的，那麼人們能從當中找出積極的意義倒也不錯。這種道德煉金術是許多悲劇行動的特徵。然而，如果價值能以較不討厭的方式創造出來的話，將會是比較可取的做法。從兩個不同的意義來說，善產生於惡是一種悲劇。有些人認為善產生於惡是對生命的肯定，對他們來說，善產生於惡是對悲劇本身的描述；或者，從另一個意義來看，善產生於惡是個悲劇，因為這個世界已經扭曲了，人必須付出高昂的代價才能獲得幸福。《新約》屬於後者，對《新約》來說，這個世界扭曲的地方在於罪或缺乏愛。

根據尼采的看法，阿波羅與狄俄倪索斯這兩個原則只有偶然的機會才會達成一定程度的均衡。阿波羅精神的誘惑，嚴格來說是短暫的。阿波羅精神代表個別的領域，而狄俄倪索斯精神則將所有這類個別的殊異性全消融成永不停歇的變遷之流。因此，阿波羅與狄俄倪索斯之間的鬥爭真正重要的不只是救贖的幻覺與乏味的現實之間的衝突，也包括個別與普世之間的矛盾，如同黑格爾的例子一樣。然而，尼采卻認為這不是最棘手的問題，因為個別從一開始就只是虛構事物。個別融入整體是一件至福之事，而不是像殉教者那樣成了痛苦的自我剝奪。殉教者把自己的死亡當成禮物贈送給他人，但尼采的悲劇思想並沒有這種道德或政治面向。在尼采的倫理議程中，自我犧牲的地位並不高。痛苦的不是自我的讓渡，因為自我從一開始就沒有太大的價值，真正痛苦的是使自我形成的個別化過程。

陶醉於人類存在的恐怖，就是對陳腐中產階級進步主義的蔑視，也否定了所有怯懦的虛無主義。悲劇精神是對社會改革者的公然侮辱，但悲劇精神也拒絕宣揚可能感染群眾的悲觀主義。在體驗一般人無法體驗的狂喜時，仍有勇氣面對同樣超出自己掌握的癡迷。尼采因此避免了叔本華的陰沉，又不致於違背初衷接受容易破滅的樂觀主義，正是悲劇的概念使他做到這一點。尼采在《瞧！這個人》（*Ecce Homo*）中表示：「我有資格說自己是第一位悲劇哲學家，也就是說，我是悲觀主義哲學家最極端的對立面與相反物。」[60] 我們從蘇格拉底身上看到，哲學應該是在悲劇的死亡中誕生的；現在，在尼

60 轉引自 Kaufmann, *Basic Writings on Nietzsche*, p. 728.

采身上，哲學回到這個起點並且宣稱悲劇的願景優越於哲學本身的知識風格。如果這個說法本身是一個理論洞察，那麼這個洞察便屬於一個自豪地宣稱自己已經消逝的思想形式。尼采確實持續以哲學家自稱，海德格、德希達與其他一連串反形上學學者也追隨他的腳步；但是，當詩與哲學之間的藩籬被決定性地打破之後，哲學家的意義已與柏拉圖與康德內心所想的大不相同。

身為令人震驚的前衛思想家，尼采已經做好準備要擁抱懷疑主義、相對主義、觀點主義與持續的騷亂，並且愉快地放棄堅實的基礎與形上的絕對。但是，這一切都與讚揚傳統貴族價值的刻苦耐勞與英雄式的自制相輔相成，必須像男人一樣面對歡愉智慧中不可形容的部分，而這份智慧絕不可能讓你墮落。激進的知識論因此被迫為反動的政治服務。如果自我像一般世界一樣是個無定形的事物，那麼我們就必須充滿活力地將其鎚打成形，這個計畫需要尚武菁英嚴謹的自我規訓精神。這個事業不僅顯示悲劇藝術的重生，也顯示悲劇文化的復興——從理性轉向神話，從科學轉向象徵主義，這個事業反對理性主義幻覺認為的光憑認知能力就能參透存有的奧祕並且治癒存在的永恆傷口。在科學、平等、民主、女性主義、社會主義革命與其他這類令人蔑視的現代墮落症狀的反對下，我們必須返歸懷抱一切的藝術，無論藝術看起來有多麼有害。悲劇文化是殘酷與階序、平靜與昂揚、樂於支配與快意慷慨、對強者寬容與對弱者無情的文化。「回到悲劇！」這句口號聽起來有些反常，但如果我們心裡想的是精神上的光采而非戰爭或種族滅絕，那麼就一點也不奇怪。一般來說，悲劇哲學家要做到這點幾乎沒有困難。

海德格與尼采一樣，對他來說，諸神的回歸、神話的再起與悲劇的重生，將是這個受理性主義與科技摧殘的世界的唯一救贖。面對這個令人陰鬱的體制，人們就像刺瞎自己雙眼的伊底帕斯，而且跟他一樣因渴求知識而招致毀滅。對海德格來說，古希臘悲劇喚起了對人性的根本疏離，對命運的開放態度，以及對人類存在的詩意，而悲劇也極致展現了深不可測的存有深淵。[61] 事實上，在海德格眼中，悲劇是最深刻的哲學反思，它呈現出人類是危險的、暴力的、命定的、無家可歸的與怪異的形象。

61 例見海德格對《伊底帕斯王》的討論，*Introduction to Metaphysics* (New Haven, CT and London, 2000), pp. 112-14.

然而，無論海德格對未來的希望有多麼渺茫，他寫作的時間已是一個傳統即將結束的時候。到了現代晚期，對悲劇的積極看法已不可能不受質疑。不過仍有許多思想家讚揚一般的藝術，特別是悲劇，他們認為悲劇是至高無上的和解形式。對悲劇觀念的極致讚揚，莫過於盧卡奇早年的論文〈悲劇形上學〉（*The Metaphysics of Tragedy*），文中悲劇儼然成為比歷史更為強大的現象。悲劇願景作為終極真實的顯現，將意義灌輸到人類的存在之中。在悲劇的危機時刻，我們被賦予了純粹自我經驗的特權，去除了所有經驗或心理學上的偶然。悲劇藝術至少是對存有本身的自我揭露，「是具體之物成為現實的過程，是人類的核心本質」，[62]是人類努力的極致，是神祕狂喜的場所。無怪乎在尼采與海德格之後，盧卡奇仍渴望悲劇的重生。

其他的二十世紀作者也提出類似的觀點。里爾克在《獻給奧菲斯的十四行詩》（*Sonnet to Orpheus*）中寫道，「哀嘆只行走在讚揚的國度」，以尼采的風格將苦難與歡慶連結起來。小說家阿道斯・赫胥黎（Aldous Huxley）認

62 Georg Lukács, *Soul and Form* (London, 1974), p. 162.

為，悲劇太珍貴，絕不能消失不見，[63] 批評家肯尼斯・伯克（Kenneth Burke）在《答辯》（*Counter-Statement*）中主張，悲劇戲劇本身也許死了，但悲劇精神永遠長存。[64] 悲劇精神存續下來，並且成為價值的泉源。對約瑟夫・伍德・克魯奇來說，悲劇「使人與苦難和解」，而且顯露出對人類高貴精神的冷靜自信，深信沒有任何苦難的景象能傷害人類精神。「我們必須高興，而且確實高興茱麗葉死了而李爾王出現在暴風雨中」。[65] 相較於伊底帕斯的靈魂展現的偉大，他的死對我們來說簡直微不足道。對克魯奇以及一整個世系進行溫和淨化的理論家來說，悲劇代表「一種看待人生的方式，藉由這種方式，悲劇去除了人生的痛苦」。[66] 悲劇的目的是利用人類不幸的現實，從存在中設法擰出一點快樂的成分。耐人尋味的是，克魯斯之後又自打嘴巴，他坦承悲劇不過是用來安慰人心的虛構之物。

「這不是說，彷彿悲劇完全沒有消極的一面」，另一名批評家如此說道，

63 見 'Tragedy and the Whole Truth', in Aldous Huxley, *Music at Night* (London, 1931).
64 Kenneth Buke, *Counter-Statement* (New York, 1931), p. 42.
65 Krutch, *The Modern Temper*, p. 125.
66 Ibid., p. 126.

他的語氣完全沒有諷刺的意思，宛如在高唱讚歌之後，他又想起悲劇關切的是死亡與破壞。[67]劇作家亞瑟・米勒提出令人吃驚的意見，他認為悲劇是比喜劇更樂觀的文類，而且加強了他所說的「觀眾對人類動物最光明的看法」。[68]在悲劇英雄行動的背後，存在著對人類完美性的信仰。悲劇必須能交易希望，因為如果主角無法擊敗他面對的強權，那麼我們獲得的不過是感傷與悲觀主義。而這不會是能輕易與米勒自己的戲劇相容的觀點。

從古典上古時代到美國的新批評（New Criticism），統一的藝術作品的理念，也就是作品的各部分都消融在一個整全的整體中，這個理念頑強得令人吃驚。值得注意的是，直到二十世紀初期的數十年間，隨著歐洲前衛藝術的爆發，統一的藝術作品的理念才產生比較大規模的爭議。不一致的觀念如今反而成為基調，其中最優秀的理論家就是海德格的勁敵狄奧多・阿多諾。阿多諾在奧施維茨的陰影下寫作，他懷疑悲劇在人類的苦難上覆蓋了一層好看的形式，很可能造成誤導。悲劇將意義強加在無意義的事物上，只會淡化

67 Gordon, *Tragedy after Nietzsche*, p. 18.
68 Arthur Miller, 'Tragedy and the Common Man', p. 4.

事物的恐怖。[69]之後，一名較為模稜兩可的評論者認為，「在苦難中追尋與不追尋意義都同樣危險」。[70]影響阿多諾甚深的佛洛伊德也認為，權力之間不可能達成最終的和解。生存本能也許會與死亡本能——亦即，享樂原則與現實原則——達成協議，但兩者絕不可能和平共存。即使在劇變的萌芽階段，也不可能取得決定性的勝利。我們必須盡可能接受結果，然後繼續生活下去。文明與其說是悲劇的解藥，不如說是悲劇的例證。

哲學家格奧爾格・齊美爾（Georg Simmel）在〈論文化的概念與悲劇〉（*On the Concept and Tragedy of Culture*）中提出同樣讓人感到挫敗的說法，他主張，雖然文化承諾主體與客體之間將達成和諧的融合，但人類精神始終是難以安撫的。文化塑造的客體取得自己的生命，而如馬克思的異化理論主張的，客體又反過來征服自己的創造者。悲劇本質上是一種具體化。生命賴以實現自我的形式，也透露了自身無生命的客觀性。文明是自我顛覆的，往往被自身內在的矛盾所破壞。自我實現不可避免傾覆為自我喪失。齊美爾抱怨

69 Theodor Adorno, *Noten zur Literatur* (Frankfurt am Main, 1974), p. 423.

70 Sands, 'Tragedy, Theology, and Feminism', p. 83.

說：「即使在首次存在的時刻，文化內部就帶著某種事物，彷彿這是文化的內在命運，這件事物注定要妨礙、拖累、模糊與區隔文明最內在的目的。」[71]

因此，隨著二十世紀的展開，越來越多人異口同聲地質疑悲劇的肯定性質。奧斯瓦爾德・斯賓格勒（Oswald Spengler）在《西方的沒落》（*The Decline of the West*）中表示，藝術形式表現的不是英雄的榮耀，而是時間發展不可逆轉的性質以及文化沒落的不可避免。在《救贖之星》（*The Star of Redemption*）中，弗朗茨・羅森茨威格（Franz Rosenzweig）對於他心目中依照絕對過活的悲劇理想感到懷疑，他覺得只有聖人才能取得這種成就。[72] 對華特・班雅明《德國悲劇的起源》來說，古希臘悲劇的結局取得了某種程度的解決，但卻是臨時性且充滿問題的；而班雅明研究的德國悲劇，由於深受信義宗（Lutheran）此世實屬無益的觀念影響，結局往往不帶有救贖的性質。

---

71 Georg Simmel, 'On the Concept and Tragedy of Culture', in K. Peter Etzkorn (ed.), *Georg Simmel: The Conflict in Modern Culture and Other Essays* (New York, 1968), p. 46.

72 見 Franz Rosenzweig, *The Star of Redemption* (London, 1971), p. 211.

德國悲劇不僅在觀眾中引發憂鬱而非崇高的情緒，而且還勸誡觀眾幸福完全是來生的事。班雅明的同事貝托爾特・布萊希特則在悲劇的命運觀念中發現統治階級的意識形態，這種意識形態企圖讓民眾在政治上默不作聲。布萊希特自己的插曲式與開放式的戲劇形式，目的就是為了挑戰這種宿命論。[73]

在一篇題為〈自然、人文主義與悲劇〉（*Nature, Humanism and Tragedy*）的論文中，阿蘭・羅伯—格里耶（Alain Robbe-Grillet）抱怨阿爾貝・卡繆的悲劇荒謬觀念是一種讓無意義恢復意義的欺詐手段。羅伯—格里耶認為，悲劇是一種以道德的角度看待自然與人類的距離的最後手段，而且將自然與人類的距離看成焦慮與疏離，而非事實。[74] 距離不等同於分離。羅伯—格里耶堅持這種狀況顯然不存在匱乏或缺陷——沒有痛苦的分歧、本體論的空虛或神明不祥地缺席。在提到上帝之死時，悲劇認為這裡的問題並非上帝不存在，而是上帝令人難解地選擇拒絕回應祂所創造的生物。同樣地，羅蘭・巴特也指控悲劇藝術「只是一種『彌補』人類不幸、將人類不幸歸類為一種必

73 關於布萊希特反對悲劇的有用描述，見 Raymond Williams, Modern Tragedy, Part 2, ch. 7.

74 見 Alain Robbe-Grillet, *For a New Novel* (Freeport, NY, 1970), p. 59.

然性、智慧或淨化的形式，從而將人類的不幸予以合理化的手段……天底下沒有任何事物比悲劇更為陰險狡詐」。[75]事實上，世界上有許多事物要比《調換兒》（*The Changeling*）或《泰特斯・安特洛尼克斯》（*Titus Andronicus*）來得陰險狡詐，儘管如此，巴特的尖刻評論確實讓人耳目一新。凡是對於現代歐洲文化中悲劇跡近苛刻的理想化感到熟悉的人，都會欣賞巴特這番直率的說法。

狄奧多・阿多諾評論說，「一件成功的藝術作品……不會以虛假的和諧解決客觀的矛盾，而會在自身最核心的結構，純粹而不妥協地具體呈現矛盾，以此消極地表現和諧的觀念」。[76]同樣地，約翰・哈芬登（John Haffenden）指出，燕卜蓀在《模稜兩可的七種類型》（*Seven Types of Ambiguity*）中「並未試圖『解決』模稜兩可的問題，彷彿模稜兩可代表了某種文學上不可領會的現象，他甚至反過讚賞詩的一詞多義，以及詩裡面各種縱橫交錯的混合意義」。[77]賈克・拉岡反對黑格爾的悲劇和解觀念，他認為悲劇的主題

75 轉引自 Gordon, *Tragedy after Nietzsche*, p. 86.
76 Theodor Adorno, *Prisms* (London, 1967), p. 32.
77 John Haffenden, *William Empson*, vol. 1: *Among the Mandarins* (Oxford, 2005), p. 204.

是最無法讓黑格爾留下印象的事物。[78]斯拉沃熱・齊澤克是拉岡派駐在這個世間的使者，他同樣蔑視黑格爾式的綜合說法。齊澤克認為，悲劇讓彼此大相逕庭的立場發生劇烈的衝突，因此悲劇與理性協商或倫理共識格格不入。[79]愛爾蘭哲學家威廉・德斯蒙德（William Desmond）發現，在悲劇中，「存有的最終形式處於不知所措的狀態」，他認為悲劇知識「粉碎了相信每一件事物基本上都是可理解的天真信仰，事實上，悲劇消滅了所有存有的價值」。悲劇是一種意識形式，「使我們深刻認識到一切事物都被失落完全滲透」，[80]因此，一切的事物並非哲學所能完全掌握。我們曾經提過，尼采也認為悲劇優於哲學，但這是因為悲劇能與他的深層心靈對話，相反地，對德斯蒙德來說，悲劇造成的創傷反而讓這種心靈反思陷入沉默。

在悲劇戲劇中，我們很難找到符合席勒、謝林、賀德林與他們的同僚提出的模式的作品。約書亞・比靈斯指出，在所有藝術形式中，悲劇衍生的理

78 D. Porter (ed.), *The Seminar of Jacques Lacan*, Book 7: *The Ethics of Psychoanalysis* (New York, 1986), pp. 249-50.

79 見齊澤克的論文'A Plea for Ethical Violence'，刊於線上期刊 *The Bible and Critical Theory*, vol. 1, no. 1 (Monash University Epress)。

80 William Desmond, *Perplexity and Ultimacy* (New York, 1995), pp. 30, 32 and 49.

論作品最為深刻透徹，但我們也可以說，悲劇產生的理論與實踐上的落差也最為明顯。[81] 雷蒙德・威廉斯寫道：「在後封建時代的悲劇觀念中，最引人注目的就是這些觀念與實際悲劇寫作呈現的重大創造性發展有著極大的不一致」。[82] 從普羅米修斯到艾哈布船長，以英雄般的堅毅任由命運擺布，並且認為命運是由仁慈的絕對暗中安排的悲劇主角並不多。如果聽天由命就是悲劇的最終形式，柏拉圖就不需要提議對詩進行全面的檢查，審視其中是否有顛覆道德與政治的內容，是否構成異議、不敬、悲觀主義、情感的自我放縱、不穩定的認同、不受拘束的熱情與破壞靈魂理性和諧的危險根源。事實上，席勒或謝林的悲劇英雄擁有的靈魂平靜是外在力量無法撼動的，這樣的心境其實與柏拉圖理想的善的人生已相差無幾。

米榭兒・格爾里奇（Michelle Gellrich）在《悲劇與理論》（*Tragedy and Theory*）做出了非常有價值的研究，她顯示數世紀以來的悲劇戲劇理論一直試圖淨化悲劇戲劇的實踐，抵銷其中的道德憤怒，平息當中的衝突，試圖以

81 見 Billings, *Genealogy of the Tragic*, p. 1.

82 Raymond Williams, *Modern Tragedy*, p. 27.

美德、理性與社會和諧這些止痛劑來緩和混亂，並且梳理文本中一連串的難題與模稜兩可。[83]我們也許可以這麼說，悲劇哲學一直把狄俄倪索斯的實踐打扮成阿波羅。格爾里奇指出，亞里斯多德幾乎未曾對悲劇形式的好鬥特徵發表看法。她認為，如果悲劇未以這種方式進行淨化，很可能無法起到道德教化的效果。許多現代早期的觀察家把悲劇形式視為道德與社會的墮落之物，一種令人沮喪的用來描述混亂、暴動、政治上反覆無常的敘事。格爾里奇提到，黑格爾是第一位討論悲劇形式的衝突與矛盾的重要悲劇理論家——不過他在討論時仍預期悲劇最終能帶來緩和。

一直以來，人們認為悲劇要不是表達對人類存在的極端厭惡，就是表現出對人類存在的平靜超越。對有些人來說，悲劇是對死亡與自我犧牲的頌揚，對人類不免一死的鄙視，或對權威的欣然臣服。我們可以在悲劇中看到對不幸的辯護，對幻覺的有益培養，或對無用理性的懇求。悲劇可能採取帶有惡意的愉悅形式，以觀看男女被殺為樂，悲劇也可能被貶抑成下流的滑稽

83 見 Michelle Gellrich, *Tragedy and Theory* (Princeton, NJ, 1988).

劇場景。悲劇也因為顯現了無限的自由、戰勝自然或洞悉與接受不可避免之事而受到讚美。表面上看來，無論選擇哪一種悲劇版本，悲劇似乎都不是最具人道精神與最富啟迪效果的藝術形式。然而慶幸的是，絕大多數悲劇藝術並不符合這些說法，也不是所有批評家都同意這些觀點。沙夫茨伯里伯爵（Earl of Shaftesbury）身為進步派的輝格黨員（Whig），對於托利黨（Tory）在宮廷內的腐敗深惡痛絕，他在現代初期寫道，悲劇承載了共和主義的情感，能對身居高位的專制主義與貪贓枉法發出警告之語，能對匍匐於權力跟前的托利黨人提出糾正。沙夫茨伯里伯爵因此加入了一個光榮傳統，一個在中世紀相當特出的傳統，在這個傳統中，悲劇向民眾發出警告，要他們對抗權力者的邪惡與放縱的熱情。[84]

然而，我們不需要訴諸進步派的心靈，也能了解從席勒到盧卡奇早期的傳統採取的悲劇觀點被提升到什麼程度。最令人痛苦的悲劇藝術形式處理的是不可能得到救贖的苦難，無法被時間平復的傷痛，難以破鏡重圓的關係，

84 見 Lawrence E. Klein, *Shaftesbury and the Culture of Politeness* (Cambridge, 1994), pp. 187-8. 關於中世紀的悲劇觀念，見 Henry Ansgard Kelly, *Ideas and Forms of Tragedy* (Cambridge, 1993).

無從安慰的淒涼景況。因為悲劇拒絕和解而不願承認這種藝術是悲劇，這麼做是違反常理的。而且恰恰相反，拒絕和解其實也是悲劇整體的一部分。羅萬・威廉斯（Rowan Williams）在《悲劇的想像》（*The Tragic Imagination*）提到，悲劇是「對痛苦的合理化」。[85]悲劇是一種儀式，在這個儀式中，我們可以在致命的傷害裡試著分享、榮耀、紀念與尋求意義，但威廉斯也同樣意識到，在這個傷害中，即使是最具同情心的旁觀者也有無法接觸到的地方。悲劇藝術要求我們去感受他人的不幸，但也要求我們尊重他人悲傷中不可為外人道的部分。

事實上，我們也許認為某些形式的苦難，特別是強烈的肉體痛苦，幾乎毫無意義可言，而且就某個角度來說，它展現的其實是傳統中惡魔的一面。這些苦難代表局部的個體想拆解宇宙，象徵強烈的欲望瘋狂地想將全體創造物恢復成原先的混沌局面。羅萬・威廉斯自行演繹神學家唐納德・麥金諾（Donald MacKinnon）的說法，他寫道：「我們可以這麼說，無意義的、無

85 Rowan Williams, *The Tragic Imagination*, p. 47.

法說明的、毫無道理的、難以吸收的痛苦，是無法協商的」。[86]就像伊亞戈面對奧賽羅，意義與價值的存在對惡魔構成了侮辱，在惡魔眼中，這些不過是欺騙與令人厭惡的東西，就連美德也不過是可笑的偽裝。這些只是上流社會的大量黑話，勉強用來掩蓋他們在欲望驅使下做出的種種下流行徑。簡言之，惡魔是虛無主義或憤世嫉俗的一種形式——惡魔陶醉於愚蠢荒謬，沉迷於滑稽打鬧，對愛與憐憫暗自竊笑，而且無法獲得拯救，因為他無法理解救贖的意義。

衝突觀念的歷史簡短得讓人覺得不真實，這段歷史的起點也許可以追溯到前蘇格拉底時期，對這個時期的哲學家來說，宇宙是由鬥爭而非綜合所構成。彼此對立的力量同時存在，達成均衡。從古典上古時代到啟蒙時代，統一與對稱受到高度重視，不一致與分裂則對穩定構成威脅。對比之下，唯心主義者、浪漫主義者與十九世紀的目的論者則認為，鬥爭與損耗在人類歷史的適當演進中仍扮演著一定角色。但統一依然是基調，而統一最終將吞併分

86 見 Rowan Williams, 'Trinity and Ontology', in Kenneth Surin (ed.), *Christ, Ethics and Tragedy* (Cambridge, 1989), pp. 78 and 85.

裂。我們已經看到，在現代性的晚期，這種和解的信仰逐漸被視為是一種幻想或虛假的烏托邦而受到指責。

接續而來的是後現代主義文化，對後現代主義來說，衝突與矛盾已不是那麼急迫，真正需要重視的是差異性與多元性。與先前的現代主義不同，後現代主義主要傾向的不是悲劇藝術。後現代主義對「深層」主體性的嫌惡，使其難以與精神上的痛苦或本體論上的焦慮相容。如果後現代主義不相信救贖，那是因為後現代主義看不出有什麼東西需要救贖。在社交媒體與高級金融的世界裡，這類陳義甚高的形上學討論聽起來十分空洞。此外，後現代主義的相對主義精神，也與死亡的絕對主義與悲劇損失的不可修復性格格不入。悲劇的高貴精神在後現代主義的平民感性聽來十分刺耳，而悲劇的崇高修辭也對後現代主義低調、懶散的心境構成冒犯。願景或信念之間已無發生致命衝突的可能，因為後現代文化認為願景不過是徒勞的烏托邦，而所有的信念從一開始就是教條。後現代主義不信任統一的觀念，認為統一是虛假的本質論說詞，因此化解敵意的前景也喪失了吸引力。基於同樣的理由，後現代主義也對政治團結的概念毫不關心。就算後現代主義能正確審慎地看待悲劇中揚揚得意的一面，它所抱持的理由也是錯的。

要舉出這類懷疑主義背後更健全的理由其實並不難。從康德傳承到海德格的遺產，乃是現代思想史上成果最豐碩、野心最大的思潮之一。然而，這個思潮對悲劇所做的反思，卻未能以最具說服力的方式彰顯悲劇。絕大多數的悲劇哲學家為了自身的倫理政治目的，任意地縮減悲劇的範圍與多元性。最後產生的悲劇版本只是壓抑了日常使用的悲劇意義。藝術層面的喜劇與日常生活的喜劇沒有太大的差異，但我們卻看到悲劇的美學內容與悲劇的日常意義存在著無法跨越的鴻溝。不僅如此，日常使用的悲劇一詞也比我們檢視過的絕大多數理論更能忠實地描述絕大多數悲劇戲劇。舉例來說，一般人都會認為不可修復肯定比可修復更為悲劇，這種看法顯然是對的，但這不表示可修復在悲劇中毫無地位。悲劇的意識形態對那些深陷無法修復的困境之人造成傷害——這些人陷入的衝突，顯然不能化約成一個統一整體下的對立之物。這樣的悲劇意識形態，顯然未能給予那些無法得到安慰的人應有的尊重。

國家圖書館出版品預行編目資料

論悲劇 / 泰瑞・伊格頓（Terry Eagleton）著；黃煜文 譯. -- 初版. -- 臺北市：商周出版：城邦文化事業股份有限公司出版：英屬蓋曼群島商家庭傳媒股份有限公司城邦分公司發行, 民110.04
面： 公分
譯自：Tragedy
ISBN 978-986-5482-38-1（平裝）
1. 悲劇 2.文學評論
984.21 110003497

論悲劇

原著書名 / Tragedy
作　　者 / 泰瑞・伊格頓（Terry Eagleton）
譯　　者 / 黃煜文
企畫選書 / 劉俊甫
責任編輯 / 劉俊甫

版　　權 / 黃淑敏、劉鎔慈
行銷業務 / 周佑潔、周丹蘋、黃崇華
總 編 輯 / 楊如玉
總 經 理 / 彭之琬
事業群總經理 / 黃淑貞
發 行 人 / 何飛鵬
法律顧問 / 元禾法律事務所 王子文律師
出　　版 / 商周出版
台北市 115 南港區昆陽街 16 號 4 樓
電話：(02) 2500-7008 傳眞：(02) 2500-7759
E-mail：bwp.service@cite.com.tw
發　　行 / 英屬蓋曼群島商家庭傳媒股份有限公司城邦分公司
台北市 115 南港區昆陽街 16 號 8 樓
書虫客服服務專線：(02) 2500-7718・(02) 2500-7719
24小時傳眞服務：(02) 2500-1990・(02) 2500-1991
服務時間：週一至週五09:30-12:00・13:30-17:00
郵撥帳號：19863813 戶名：書虫股份有限公司
讀者服務信箱E-mail：service@readingclub.com.tw
歡迎光臨城邦讀書花園 網址：www.cite.com.tw
香港發行所 / 城邦（香港）出版集團有限公司
香港灣仔駱克道193號東超商業中心1樓
電話：(852) 2508-6231 傳眞：(852) 2578-9337
E-mail：hkcite@biznetvigator.com
馬新發行所 / 城邦(馬新)出版集團 Cité (M) Sdn. Bhd.
41, Jalan Radin Anum, Bandar Baru Sri Petaling,
57000 Kuala Lumpur, Malaysia
電話：(603) 9057-8822 傳眞：(603) 9057-6622
E-mail：cite@cite.com.my

封面設計 / FE設計葉馥儀
排　　版 / 新鑫電腦排版工作室
印　　刷 / 高典印刷有限公司
經 銷 商 / 聯合發行股份有限公司
電話：(02) 2917-8022 傳眞：(02) 2911-0053
地址：新北市231新店區寶橋路235巷6弄6號2樓

■2021年（民110）4月初版
■2024年（民113）5月3日初版2.1刷
定價 380元

Printed in Taiwan
城邦讀書花園
www.cite.com.tw

ISBN 978-986-5482-38-1

廣　告　回　函
北區郵政管理登記證
台北廣字第000791號
郵資已付，免貼郵票

104台北市民生東路二段141號2樓

英屬蓋曼群島商家庭傳媒股份有限公司　城邦分公司

請沿虛線對摺，謝謝！

書號：BK7099	**書名**：論悲劇	**編碼**：

請於此處用膠水黏貼

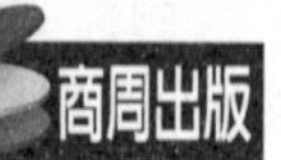

讀者回函卡

感謝您購買我們出版的書籍！請費心填寫此回函卡，我們將不定期寄上城邦集團最新的出版訊息。

不定期好禮相贈！
立即加入：商周出版
Facebook 粉絲團

姓名：＿＿＿＿＿＿＿＿＿＿ 性別：□男 □女

生日：西元＿＿＿＿年＿＿＿＿月＿＿＿＿日

地址：＿＿＿＿＿＿＿＿＿＿

聯絡電話：＿＿＿＿＿＿＿＿ 傳真：＿＿＿＿＿＿＿＿

E-mail ：

學歷：□ 1. 小學 □ 2. 國中 □ 3. 高中 □ 4. 大學 □ 5. 研究所以上

職業：□ 1. 學生 □ 2. 軍公教 □ 3. 服務 □ 4. 金融 □ 5. 製造 □ 6. 資訊
□ 7. 傳播 □ 8. 自由業 □ 9. 農漁牧 □ 10. 家管 □ 11. 退休
□ 12. 其他＿＿＿＿＿＿＿＿

您從何種方式得知本書消息？

□ 1. 書店 □ 2. 網路 □ 3. 報紙 □ 4. 雜誌 □ 5. 廣播 □ 6. 電視
□ 7. 親友推薦 □ 8. 其他＿＿＿＿＿＿＿＿

您通常以何種方式購書？

□ 1. 書店 □ 2. 網路 □ 3. 傳真訂購 □ 4. 郵局劃撥 □ 5. 其他＿＿＿＿

您喜歡閱讀那些類別的書籍？

□ 1. 財經商業 □ 2. 自然科學 □ 3. 歷史 □ 4. 法律 □ 5. 文學
□ 6. 休閒旅遊 □ 7. 小說 □ 8. 人物傳記 □ 9. 生活、勵志 □ 10. 其他

對我們的建議：＿＿＿＿＿＿＿＿＿＿

【為提供訂購、行銷、客戶管理或其他合於營業登記項目或章程所定業務之目的，城邦出版人集團（即英屬蓋曼群島商家庭傳媒（股）公司城邦分公司、城邦文化事業（股）公司），於本集團之營運期間及地區內，將以電郵、傳真、電話、簡訊、郵寄或其他公告方式利用您提供之資料（資料類別：C001、C002、C003、C011 等）。利用對象除本集團外，亦可能包括相關服務的協力機構。如您有依個資法第三條或其他需服務之處，得致電本公司客服中心電話 02-25007718 請求協助。相關資料如為非必要項目，不提供亦不影響您的權益。】

1.C001 辨識個人者：如消費者之姓名、地址、電話、電子郵件等資訊。
2.C002 辨識財務者：如信用卡或轉帳帳戶資訊。
3.C003 政府資料中之辨識者：如身分證字號或護照號碼（外國人）。
4.C011 個人描述：如性別、國籍、出生年月日。

請於此處用膠水黏貼